_____ 님께

사랑과 헌신으로 많은 이들에게
빛과 희망을 주신
故박상은 대표님을 회상하며
이 책을 드립니다.

선한 의사 박상은
63인이 만난 그의 삶, 신앙, 사역

초판발행　2025년 7월 1일
초판2쇄　2025년 9월 15일

지은이　최재걸 외
편집인　아프리카미래재단 박상은 회상록 편집위원회

발행처　물맷돌 / 수엔터테인먼트
발행인　최남철
교정, 교열　윤희숙
디자인　D.HJ
마케팅　이주환

총판　생명의말씀사
출판등록　306-2004-8
주소　서울시 송파구 중대로 207, 2층 201호
구입문　010-9194-3215

ISBN 979-11-86126-48-6 (03230)

물맷돌은 수엔터테인먼트의 기독브랜드입니다.
이 책은 수엔터테인먼트사가 저작권자와의 계약에 따라 발행한 것이므로
이 책의 내용을 이용하시려면 반드시 저자와 본사의 허락을 받아야 합니다.
잘못된 책은 구입처에서 교환하여 드립니다.

인간미가 넘치는 진실한 그리스도인, 약한 자의 이웃

선한 의사 박상은

63인이 만난 그의 삶, 신앙, 사역

최재걸 외 지음

전인 치유, 생명 윤리, 의료 선교의 꿈을 꾸며 아프리카에 미래를 심은 사람
아무도 가려하지 않는 길을 가다

아프리카미래재단

물맷돌

CONTENTS

머리말	8
서시 • 찬란한 천국 편지	11
추모시 • 국경 없는 사랑	13
박상은 연보	16
나의 스토리 _ 박상은	19

제1부
제 기억에는

그를 얼마나 기뻐하셨을지 _ 홍정길	26
하나님의 소중한 아들 _ 김운성	29
탁월한 리더 _ 박용준	33
600개의 이메일 _ 심재두	36
With Dr. Park in CMF conference,1981 _ 배도선	39
멋진 테너 가수 _ 유기환	41
여러 사람에게 여러 모습이 된 그 _ 조원민	43
멋있는 사나이 _ 김명진	46
내가 닮고 싶은 리더 _ 강범석	49
인턴이 감히 _ 양승봉	52
내면에 보석을 간직한 사람 _ 황영희	63
영원한 Following Duo _ 이대희	66
처음 뵙겠습니다 _ 최현일	72
못 다한 질문과 통로의 역할 _ 김윤환	74
당신은 특별한 사람 _ 김홍식, 성정미	78
그의 업적과 삶을 기술해 보면 _ 최재욱	81
믿음의 가문 _ 박혜경	86

제2부
그가 아프리카로 간 까닭은

아프리카에 남긴 사랑 _ 백영심   92

슈퍼스타 설교가 _ 강동원, 전진경   94

주먹밥이 정말 맛있네요 _ 허일봉, 전미령   96

우리 모두는 그에게 속았습니다(?) _ 박준범, 백지연   100

연결의 귀재 _ 양승훈   104

나보고는 아프리카 가라더니 _ 용태순   108

잘했고 고맙구나 _ 곽재근, 최미리   111

사랑은 에어 앰블런스를 타고 _ 이원준, 유해숙   114

The Late Professor Park _Drs. Grave and Irene Singogo   117

Celebrating life of Dr. Sang Eun Park _ Dr. Magandi   121

그리운 님 _ 최원석   123

압도적 활약 _ 이종섭   125

그와의 만남과 추억은 당연한 것이 아니라 은혜였다 _ 김은석   131

제 인생을 바꾸셨죠 _ 김현철   134

하나님의 계획하심 _ 이경호   138

만날수록 기쁨이 샘솟는 사람 _ 최재걸   141

못 다하신 일을 맡아서 _ 홍건   145

제3부
그는 이 세상을 어떻게 살았을까

헌신의 유산을 남겨주신 멘토 _ 채영광	150
북한선교를 꿈꾸던 박상은 장로 _ 박은조	151
친구 박상은과 예수시대 _ 나삼진	153
내가 만난 청년의사 박상은 _ 나미애	160
부인할 수 없는 하나님의 사람 _ 이상규	165
큰 바위 얼굴 _ 이재훈	169
장기려 박사님과 닮은 생명존중 운동가 _ 한기채	171
참 좋은 의사 _ 이정숙	175
생명 존중 정신 _ 홍순철	178
로잔4에서 _ 안동일	181
진짜 장로 진짜 의사 _ 한성식	184

제4부
가족들이 그에게 하고 싶었던 말

아름다운 사람 "박상은" _ 이혜경	190
작은 예수 상은 _ 박재천	193
동생을 그리며 _ 박재형	195
부러운 그 순전한 믿음 _ 박성순	200
상은 원장 _ 박재열	203
사랑하는 동생을 먼저 떠나보내며 _ 박재섭	205
쌍둥이의 조가(弔歌) _ 박상진	208
그 사랑 Default _ 박현정	211

제5부
그를 떠나 보내며

우리 모두는 당신에게 빚진 자입니다 _ 안동일   216
박상은 동인 소천 _ 이광호   219
박상은 하관예배 설교문 _ 정현구   221
박상은 원장을 떠나보내고 _ 송길원   226
박상은 원장, 그를 기억해야 할 이유 _ 기독일보 사설   237
우리들의 누가 _ 이승구   241

제6부
사진으로 보는 박상은의 삶과 신앙과 사역

머리말

"에녹이 하나님과 동행하더니
하나님이 데려가시므로…"(창 5:24)

에녹처럼 경건하고 하나님과 동행하며, 끝없이 베풀고, 높은 자나 낮은 자나 구별하지 않고 힘들고 어려운 사람에게 사랑을 많이 베풀고 배려하고 섬겼던, 사랑 많았던 박상은 의사가 에녹처럼 홀연히 하늘나라 집으로 영광스럽게 가신 지 1년 8개월이 지났습니다.

아직도 우리는 박상은이란 선한 의사이며 가장 약한 자를 사랑한 그리스도인을 그리워합니다.

그는 대구에서 가난한 목회자 가정의 6남1녀 중 여섯째로, 허름한 교회 마룻바닥에서 태어났습니다. 그는 매일 다락방에서 기도하시는 어머니와 늘 부흥집회를 인도하러 다니시던 아버지의 진솔한 신앙의 모습을 보면서 자랐습니다.

그는 한국 교회를 대표하는 의료인이었고, 누가회 활동을 통해서 그리고 복음병원의 장기려 박사님을 통해서 전인치유, 생명윤리, 의료선교의 꿈을 가지게 되었습니다.

미국 세인트루이스대학과 커버넌트신학교에서 생명윤리와 신학을 연수하였습니다. 안양 샘병원을 명실상부한 선교적 병원으로 육성했으며, 성산생명윤리연구소 소장을 거쳐 대통령 소속 국가생명윤리심의위원장을 역임하였고, 한국생명윤리학회 고문, 행동하는 프로라이프 공동대표로 섬기면서 생명 존중 운동을 전개하였습니다.

(사)기독교의료선교협회 회장, (사)아프리카미래재단 대표, 국제보건의료학회장, (사)국제개발협력민간협의회(KCOC) 부회장, 한국 말라리아 퇴치연대(KEMA) 대표로 섬기며 의료 선교와 국제보건의료 개발협력에도 헌신하였습니다.

하나님의 부름을 받는 순간까지도 선교유적지를 개발하고 순례하는 (사)한국순례길 이사장과 2024년 제4회 로잔 서울-인천대회에서 한국 로잔위원회 부위원장과 전문인위원장으로 헌신하였습니다.

그는 하나님의 일을 열정적으로 수행하면서도 인간미가 넘치는 진실한 그리스도인이었고 약한 자의 이웃이었고, 선한 의사였습니다. 교회에서는 충직한 장로였고, 가정에서는 아름다운 남편이었고 사랑의 마스코트 같은 아빠였습니다. 생사의 갈림길에 선 환자들 곁에 있어줄 때 보람을 느낀다고 말하던 박상은 선생은 부인할 수 없는 하나님의 사람이었습니다.

"기억(記憶)은 자신이 사랑하는 사람에 대한 최고의 예의다. 기억을 통해 그 대상이 부활하기 때문"[1]이라고 했습니다. 이처럼 그를 기억하는 많은 사람들이 그를 기억하는 기록을 남기기를 원했습니다.

아프리카미래재단이 주축이 되어 편집위원회를 구성하였고 김상한(효산의료재단 샘병원 미션원장), 김진용(아프리카미래재단 이사), 나삼진(AFF USA 사무총장), 박상진(한동대학교 석좌교수, 가족), 심재두(한국누가회 이사장), 이종섭(전)케냐 선교사), 최재걸(AFF 이사장), 홍순철(AFF 대표) 등에게 편집위원을 위촉하였습니다. 이제 2025년 7월 15일 그의 67번째 탄생일을 맞아서 문집이

---

1) 배철현, 전 서울대 교수

나오게 됨을 하나님께 감사하며 이 책이 나오기까지 수고하신 여러분께 감사드립니다.

고인은 신실한 그리스도인으로서, 좋은 남편과 아버지로서, 사랑의 씨를, 마음에 잊을 수 없는 추억을 남겼습니다. 아버지 박용묵 목사, 선교사 로제타 홀, 선한 의사 장기려가 심었던 거룩한 씨가 박상은 속에 심기자 그는 자라서 나무가 되었고, 그의 생전에 수많은 사람들 속에 또 씨를 심는 일을 하였습니다. 그 뿌린 씨가 누군가의 가슴에서, 누군가의 삶에서 자라고 있으니 죽었지만 죽지 않았습니다. 이제 우리는 부활의 봄을 기대하며 박상은을 아는 수많은 사람들, 그가 만났던 수많은 사람들의 기억을 여기에 담습니다.

이 문집이 그를 기억하는 많은 사람들의 뇌리에 그를 더욱 살아있게 하는 기억의 보물 창고가 되기를 소망합니다. 그리고 지금 씨를 유족들과 친구들과 성도들의 가슴에 심습니다. 그 씨가 자랄 것입니다. 나무가 될 것입니다. 그리고 다시 씨를 뿌리게 될 것입니다.[2]

"우리도 걸으신 그 길 따라 걷겠습니다.

그리고 우리 다시 천국에서 만나요."

최재걸
아프리카미래재단 이사장, 고려의대 명예교수

---

[2] 정현구 발인예배 설교 중

서시 · 찬란한 천국 편지

산샘 박재천

형님 사랑하는 칠남매의 큰형님
여기는 하늘나라 영광스런 천국

질병이나 고통 근심걱정이 없는
영원한 평안의 천국입니다 형님

시와 찬미와 신령한 노래부르며
기뻐하는 하늘나라 빛나는 나라

영파 아버님 박용묵 목사님 함께
미소의 이분례 기도 어머님의 품

사랑하는 형님 평생 몸 담았던 곳
샘병원 가족 영파 가족 기도해요

아프니까 아프리카 더 아프지마

아프리카 미래재단 세계의 가족

세상의 모든 선교단체들 섬김들
생명록에 다 기록되어 칭송되리

사랑하는 가족과 샘의 식구에게
찬란한 천국 빛을 비춰드립니다

하루가 천년같고 천년이 하루인
하나님의 섭리역사 은혜입니다

형님 상은 그리는 모든 이들에게
굳센 믿음 선교 열정 부탁합니다

병든 지구별 지진과 전쟁의 세계
새 하늘 새 땅의 그날 만나요 형님

박재천
시인, 목사, 한국문인교회 담임, 영파선교회 회장, 효아카데미 대표
저서: 『존재의 샘』, 『존재의 빛』, 『존재의 마음』 등

추모시 · 국경 없는 사랑
선한 의사 박상은의 삶과 사역을 노래함

나삼진

온 나라를 휘감던 굶주림과 질곡의 세월
전후(戰後) 베이비부머들과 함께 이 땅에 와
사랑 가득한 어머니와 함께
가난한 목회자의 기도 소리 들으며 자랐느니라
영파(靈波)를 닮은 일곱 형제가 믿음과 사랑의 길 따라
빛나는 은혜의 가문 일구었느니라

재물을 쌓는 의사보다, 의술로의 부르심,
생명을 살리는 의사보다 더 나은 길을 찾으러
부산까지 내달려 성자 장기려를 만났더니
그의 길은 바보의 길, 그의 길은 나눔의 길
마지막 제자로 그를 배우고 닮아
선한 의사, 나누는 의사가 되었느니라

부산의 청춘들과 꾼 예수시대의 꿈 영글고
그의 눈은 북누리로 열려, 녹슨 철책을 걷고

잃어버린 영혼들 돌보기 열 차례,
그 문 닫히자 주께서 새로운 문을 여셨더니
누가회, 기독의사회, 의료선교협회, 국가생명윤리위원회까지
그 발자국은 길이 되고, 곳곳에 아름차게 꽃 피웠니라

-와서 우리를 도우라, 외침을 듣고
-"아무도 가려 하지 않는 곳으로 가,
 아무도 하지 않는 일을 하였더니"
'미래'가 없는 사람들 위해 세운 아프리카미래재단,
에스와티니와 에티오피아로, 잠비아와 짐바브웨로,
말라위와 탄자니아로
푸른 세상을 만들며 달린 17년은 거침이 없었어라

검은 대륙의 미래를 위한 꿈, 이제 아름드리 나무로 자라
흰옷 입는 선교사들의 그늘이 되었니라, 안식이 되었니라
슈바이처 박사의 땀은 박물관으로 남았어도
조선에 뿌리내린 로제타 홀의 길을 따라
그가 누빈 스물 두 나라에 우뚝 선 기념비들
곳곳에서 생명을 살리고, 더욱 풍성케 하느니라

하룻길 더 되는 아프리카 비행길 백수십 차례,
벗이여 지치지도 않더이까?
그 땅 나들며 속으로, 속으로 몸에 새긴 예수의 흔적들,
이 땅에 온 지 예순다섯, 아직도 청춘인데,

임 그리는 마음 너무 뜨거워,
아내와 아이들 작별 인사도 없이 달려갔구나

풍요로운 남누리에,
질곡의 세월 북누리에,
아프리카 온누리에,
마지막 길 베트남에,
생명을 내어 준
바보 의사의 흩뿌린 사랑은 국경이 없어라

나삼진
아프리카미래재단 USA 사무총장, 에반겔리아대학교 교수,
오렌지카운티샬롬교회 담임목사, 예수시대 동인, 시집 『생각의 그물』, 『배와 강물』 등

박상은 연보

1958년 7월 15일 대구에서 출생

학력

1976년 휘문고등학교 졸업

1982년 고려대학교 의과대학 졸업(학사)

1989년 고신대학교 대학원 졸업(의학석사, 내과 전문의-신장내과 전공)

1992년 고신대학교 대학원 졸업(의학박사)

1995년 세인트루이스대학 생명윤리 연수

1996년 미국 Covent Theological Seminary 졸업

경력

1982~1983년 고신의대부속 복음병원 인턴수료

1983~1986년 고신의대부속 복음병원 내과 레지던트 수료(내과전문의)

1989~1991년 고신의대 내과 전임강사

1991~1992년 고신의대 내과 조교수대우

1992~1994년 성남중앙병원 내과 과장

1994~1995년 미국 세인트루이스의대 생명윤리센터 교환연구원

1995~1996년 미국 미주리주립대 신장내과 교환교수

1996~2001년 성남중앙병원 내과 주임과장 겸 진료부장

1997~2000년 대한기독병원협회 협회장

1997~2013년 사단법인 글로벌케어 법인이사

1998~2000년 한국누가회 회장

1998~2006년 사단법인 한민족복지재단 의료위원장(대북의료지원담당)

2001~2006년 효산의료재단 안양샘병원 원장

2001~2023년 고려의대 외래교수, 한동대 겸임교수

2003~2005년 대한투석협회 부회장

2003~2005년 한국생명윤리학회 부회장

2005~2009년 한국누가회 회장

2006~2008년 대한기독병원협회 회장

2006~2019년 효산의료재단 샘병원 대표원장 (의료원장)

2007~2023년 사단법인 아프리카미래재단 대표

2011~2013년 한국의료민간단체협의회 회장

2012~2014년 장기려기념 성산생명윤리연구소 소장

2012~2014년 사단법인 경기국제의료협회 회장

2014~2016년 사단법인 한국기독교의료선교협회 회장

2014~2017년 대통령소속 국가생명윤리심의위원회 위원장

2014~2017년 재단법인 국가생명윤리정책연구원 이사장

2015~2017년 한국기독의사회 회장, 한국의료선교협회 회장

2017~2019년 사단법인 국제개발협력민간협의회 (KCOC) 부회장

2019-2023년 국제개발협력민간협의회(KCOC) 보건의료전문위원회장

2019~2023년 효산의료재단 샘병원 미션원장

2019~2023년 한국 말라리아퇴치연대(KEMA) 대표

2020~2023년 행동하는 프로라이프 공동대표

2021~2023년 국제보건의료학회 회장

2023년 사단법인 한국순례길 이사장

2023년 대한생활습관의학회 초대회장

1982 대한민국 의사면허

1986 내과전문의

1995 투석전문의

　　　대한신장학회 정회원 및 평의원

　　　한국생명윤리학회 정회원 및 고문

　　　한국의료윤리학회, 한국호스피스완화의료학회 정회원

상훈

2005년 보건복지부장관상

2014년 경기도지사상

2015년 국민포장

2014년 자랑스러운 전문인선교대상 대상

2020년 고려대학교 사회봉사상

2022년 제30회 JW중외박애상

2024년 자랑스러운 고대의대인 상

2024년 국민훈장 석류장

저서

『성경적 관점에서 본 낙태』(예수시대) 1989

『의료윤리의 새로운 문제들』(예영커뮤니케이션) 1997

『인간배아 복제: 과학의 승리인가』(CMP) 2004

『의료선교학(공저)』(연세대출판부) 2004

『박용묵 목사의 10만명 전도의 꿈: 한국 기독교를 빛낸 위대한 부흥사 아버지 박용묵 목사의 믿음의 유산』(국민일보) 2011

『현대 의료 선교학(공저)』(미래사CROSS) 2018

『교회통찰(공저)』(세움북스) 2020

나의 스토리

박상은

나는 1958년 7월, 목사님 가정의 7형제 자매 중 5남으로 막내인 쌍둥이 동생과 함께 대구동신교회 마룻바닥에서 태어났다. 당시 예배당건축을 위해 사택을 헐었던 관계로 무더운 여름 내내 교회 마루 구석에서 열 식구가 살고 있었기 때문이다. 내가 기억하는 어머니의 모습은 다락방에서 기도하시는 가냘픈 모습이며, 아버지는 늘 부흥집회를 인도하러 다니셔서 다른 아빠들처럼 손잡고 놀아보지는 못했지만 가정예배를 통해 아버지의 진솔한 신앙의 모습이 내게 늘 도전이 되었다. 아마도 말씀과 삶이 일치하셨던 아버지의 신앙으로 저희 7남매는 탈선하지 않고 목사 3명, 의사 2명 등의 축복을 누리게 되었다고 확신한다.

하지만, 유년주일학교, 중고등부를 거치면서 교회생활은 습관적으로 다람쥐 쳇바퀴 돌듯 하였으며, 사람들 앞에 나서기를 좋아하게 되었고, 의과대학에 진학한 뒤에는 교회의 굴레를 벗어나기 위하여 세속적인 서클에 가입하여 교회를 출석함과 아울러 세상 즐거움을 따라 사는 이원론적인 삶을 살면서 나의 교만은 극에 달했다. 내가 본과 1학년 시절, 어느 날 원인모를 피부병이 생기더니 갈수록 심해져서 얼굴을 조금만 건드려도 생선비늘 같은 것들이 우수수 떨어지는 아토피성 피부염이 악화되어 거의 1년 동안을 마스크를 쓰고 다니며, 길에서 동창들을 만나면 창피해 골목에 숨곤 하였다. 피부병으로 사람들 앞에 나서지 못하게 되면서 나는 차츰 나의 내면을 돌아보게 되었다.

1979년 겨울, 교회 수련회에서 이른 아침 누가복음 5장 말씀으로 묵상을 하던 중 만선의 축복을 받은 베드로가 자신이 받은 축복을 누려야 할 것으로 여기지 않고 오히려 주님 앞에 꿇어 엎드려 회개하며 모든 축복을 버려두고 예수를 좇는 장면에서 나의 모든 교만과 이기심을 깨닫고 주님께 눈물로 통회자복하게 되었다. 그 이후 나의 마음은 기쁨과 평안을 누리게 되었고 피부병도 완전히 사라지게 되었다.

그날 이후부터 나의 삶은 완전히 변화되고 모든 세속적인 서클과 인간 관계를 청산하고 새롭게 시작된 교회 대학부를 통해 제자훈련을 받게 되었고, 고대의대 기독학생회장이었던 나는 때맞춰 시작된 CMF(누가회)사역에 함께 참여할 수 있었다. 1980년 1월, 과천 구세군수양관에서 열렸던 제1회 CMF수련회는 나의 인생에 중요한 획을 긋는 분기점이 되었고 너무도 신비한 하나님의 섭리와 준비시켜 주시는 주님의 손길에 그저 잠잠히 바라보며 감격할 수밖에 없었던 놀라운 수련회였다.

나는 의대를 졸업하고 배도선 선교사님의 추천서를 받아들고 서울을 떠나 부산복음병원으로 내려가 수련을 받게 되었다. 거기서 고 장기려 박사님의 소박한 삶을 통해, 또한 인턴숙소의 친구 양승봉(당시 베트남 선교사)과의 아침묵상 나눔을 통해 하나님께 더 가까이 나아갈 수 있었다. 복음병원에서의 수련을 통해 신앙적인 훈련뿐만 아니라 신장내과 의사로서의 강훈련도 주님께서 시키셨으며 수영로교회 출신의 약사 아내와 결혼의 축복까지도 허락해 주셨다.

군복무를 마친 후 고신의대에 재직하면서 신장내과 교수로서 미국학회를 비롯한 국제학술대회에서 발표도 하고 신장이식 200례를 넘을 정도로 한강이남에서 가장 활발한 신장내과를 만드는 자부심에 들떠 있었으며, 아울러 IVF지도교수, 고신의대 선교위원회를 통해 좋은 동역자들을 많이 만날 수 있었지만 의대교수라는 직책이 과연 나의 길인가 고민하던 차에 고신의료원 분규가 시작되었다. 1년 가까운 세월동안 병원의 모든 구성원들이 서로 밀고 당기는 극도의 대립 속에서 나는 깊은 회의에 잠기게 되었으며, 어느 날 요나서를 묵상하면서 이것이 재단이나 평교수회의의 문제가 아니라 바로 나의 문제로 느껴지며 풍랑 속에 잠자던 요나 생각이 났다. 나는 주님께서 가라는 길을 가지 않고 의대교수라는 삶에 안주하며 명성과 권좌를 꿈꾸는 나의 모습을 발견하고 주님께 회개하였고 사표를 제출하고 무작정 상경하게 되었다.

마침 그즈음에 CMF에서 이사회를 구성하여 총무 일을 맡아줄 것을 요청하였고 나는 그것을 주님의 부르심으로 깨닫고 서울에서의 누가회 사역을 시작하였다. 그러던 중 1994년, 병원의 배려로 2년간의 미국 연수생활을 가질 수 있었다. 처음 1년은 세인트루이스대학에서 의료윤리학 연수를 하며 커버넌트신학교에서 함께 공부할 수 있었고, 2년째는 미주리주립대에서 신장내과학을 연수하면서 신학수업을 마치고 졸업

할 수 있었다. 이 모든 일을 예비하시고 한 치의 오차도 없이 진행시키시는 하나님의 경륜과 성실하심에 엎드리지 않을 수 없었다. 미국연수를 다녀온 후 주님께서는 많은 일들을 준비시켜 놓으셨다. 한국 누가회 회장을 맡겨주셨으며, 5차 의료선교대회 총무로 섬기게 하셔서 497명의 헌신자를 부르시는 도구로 나를 사용해 주셨다.

아울러 지난 15년의 세월이 지나면서 여러 동역자들의 기도와 헌신으로 일반병원이었던 안양병원이 이제 기독병원, 글로벌선교병원인 샘병원으로 거듭나게 되었다. 우리는 하루의 일과를 열기에 앞서 새벽기도로 모이며, 모든 회의를 시작하기 전에 반드시 매일성경으로 묵상을 하며 깨달음을 나눴다. 샘병원으로서는 절대 양보할 수 없는 원칙이자 문화이다. 이렇듯 하나님께서는 나의 비전이었던 전인치유, 의료선교, 생명사랑의 꿈을 매일의 기도와 묵상을 통해 이루어주셨다. 너무도 소중하고 귀한 동역자를 각처에서 보내주셨으며, 환자들도 차츰 증가하여 200병상의 병원이 13년 후에는 1000병상 가까운 대형병원으로 발전되도록 축복해주셨다.

한편, 40대부터 10년간 준비해온 북한사역이 결실을 맺으며 7차례의 방북 끝에 평양의과대학병원 안에 최초로 인공신장실을 설치하게 되었다. 5대의 최신 혈액투석기를 설치하고 북한의사들을 교육한 후, 만성신부전 환자로 죽기만을 기다리던 평양의대 이비인후과 교수에게 첫 투석을 시행하게 되었다. 우리는 붉은 피가 깨끗해지는 과정을 바라보며 남측의 성도들의 기도를 통해 북측의 형제자매들도 그리스도의 보혈로 정결케 되기를 함께 기도했다.

50대에 들어오면서 가장 두드러진 변화는 아프리카 사역에 동참하게 된 것이다. 2007년에는 사단법인 아프리카미래재단을 설립해 남부아프리카의 환우들과 에이즈 고아들을 섬기며, 병원과 의과대학을 설립하는 일에 동역하게 하셨다. 짐바브웨, 말라위, 잠비아에 병원을 세우고 의사선교사를 파견하였으며 에티오피아와 우간다, 탄자니아, 케냐, 마다가스카르로 사역은 조금씩 넓혀지고 있다. 재정이 많지 않지만 개인과 교회의 후원 외에도 정부의 지원을 받고 있으며, 가장 큰 자산인 기독의사회와 누가회의 헌신된 후배들 덕분에 선교지에서 계속적인 요청이 쇄도하고 있다.

나의 꿈이었던 전인치유는 샘병원을 통해 이루고 있으며, 의료선교는 북한사역과 아프리카미래재단을 통해 조금씩 확장되고 있으며, 생명윤리는 성산생명윤리연구소장을 거쳐 장관급인 대통령직속 국가생명윤리위원장을 맡게 되어 박근혜 대통령과 문재인 대통령 두 분의 임기동안 함께 국정에 참여할 기회를 가졌으며 세월호 사태를 비롯한 생명경시풍조가 심한 현실을 바로잡고자 생명존중선언문을 선포하였으며 연명의료중단과 호스피스를 다룬 연명의료결정법을 국회에 권고해 입법이 이루어지게 되었다.

오늘도 내가 담당하던 많은 환자들의 죽음 앞에 실로 가진 것 없이 무능한 연약한 한 인간으로 서게 하셨지만 그들에게 마지막 크리스천으로서 서게 하신 하나님의 뜻은 무엇일까? 나를 바라볼 때는 도저히 소망이 없지만 지금까지 당신의 때에 당신의 방법으로 당신의 뜻을 이루신 하나님의 열심, 그 성실하심을 아침마다 신뢰하며 찬양을 드린다.

_ 박상은 누가의 'Bio Ethics' 칼럼 중에서 (www.sangeun.co.kr)
누가들의 세계에서 인용 (누가들의 세계 2024년 봄·여름호 Vol 216)

제1부

+

제 기억에는

그를 얼마나 기뻐하셨을지

홍정길

　박상은 형제를 떠올립니다. 제 추억의 박물관에 아름답게 간직된 박상은 원장에 대한 기억은 남서울교회 개척 당시 저와 함께 동역하였던 청년 박상은의 모습으로 시작됩니다.

　그분에게서 가장 먼저 떠오르는 모습은, 어린 시절 시골 한평중앙교회에서 말씀을 전하시던 가나안농군학교의 김용기 장로님과 박상은 형제의 아버님이신 박용묵 목사님입니다. 두 분 모두 인자하시고 품격 있으셨으며, 외모 또한 매우 흡사하여 헷갈릴 정도였습니다.

　그 시절, 박상은 원장의 아버님은 도시든 농촌이든, 큰 교회든 작은 교회든 시간을 쪼개어 부흥회를 인도하시고 복음을 전하셨습니다. 목회 외에도 끊임없이 섬기시던 그분의 모습은 지금도 제 마음속에 강하게 남아 있습니다. 제가 목사가 된 후 멀리서 뵌 적은 있었지만, 얼굴을 마주 보고 인사를 드릴 기회는 거의 없었습니다. 그럼에도 불구하고, 박상은 형제와 무관하게 그 아버님은 제 신앙생활의 이정표가 되어주었습니다.

　그 아드님인 박상은 형제 역시 남서울교회에서 조용히, 그러나 분명히 살아 있는 신앙생활을 이어가셨습니다. 교회 봉사와 헌신의 자리에서도 늘 낮은 자세로 계셨으며, 젊은 청년들에게 귀감이 되는 귀한 분이셨습니다.

박 형제는 참으로 기쁘고 즐겁게 신앙생활을 하셨습니다. 남서울교회가 부흥의 역사를 경험하던 시기, 교회 전체가 충만한 기쁨 가운데 있을 때 그분은 청년부 안에서 리더십을 발휘하여 공동체를 잘 섬기셨습니다. 특별히 앞에 나서기보다는 공동체 안에 조용히 머물며 전체의 방향을 제시하는 깊은 리더십이 돋보였습니다.

그 후, 제가 목회하던 현장을 떠나 1992년 '남서울은혜교회'를 시작하였습니다. 당시 그분은 저에게 "목사님과 평생 함께할 마음이었으나 이제는 새로운 신앙의 동지를 찾아보려 한다"라고 말씀하셨고, 그렇게 우리는 헤어지게 되었습니다. 그러나 함께 있을 때보다 오히려 떨어져 있을 때, 의사로서 그의 헌신과 활약은 더 뚜렷하게 빛났습니다.

의료 선교의 영역에서 박상은 형제는 단연 독보적인 인물이었습니다. 수많은 선교사를 치료하며, '샘병원'에서 사역을 시작한 이후 그 병원을 주 예수 그리스도 앞에 복속시키고, 치료자 되신 그리스도의 손길을 이 땅에서 대신하는 병원으로 성장시켰습니다.

그분은 한국의 의료 선교사역에 있어 가장 실질적이고도 깊은 영향을 끼친 인물 중 하나입니다. 생명을 살리고, 뜻있는 의료인들을 주님의 기뻐하시는 현장으로 이끄는 데 결정적인 역할을 감당하셨습니다.

비록 남서울교회와 저는 그분과 길을 달리했지만, 주님께서는 이후 그를 온전히 사용하셨습니다. 박상은 형제는 스스로 나서지 않으면서도 가장 충성스럽고 온전하게 헌신하셨으며, 그의 삶의 족적은 교회를 넘어 세계 곳곳에 남겨졌습니다.

그분의 생애는 얼마나 귀중한 것이었는지, 그 안에서 흠이나 티를 발견디기 어려울 만큼 경건한 삶을 복음 안에서 살아내셨습니다. 아버님의 뒤를 따라 말씀 전하셨고, 형제들 간에도 하나같이 순종하는 모습은 우리는 하나님께서 이 가정에 얼마나 큰 축복을 주셨는지를 다시금 생각하게 합니다.

생각만 해도 감사하고 기쁜 박상은 형제. 제 주변의 많은 이들이 그분의 손길로 치료받았고, 특히 선교지에서 지친 몸으로 돌아온 많은 선교사가 그분을 통해 다시 건강을 회복하여 사역지로 돌아갈 수 있었습니다. 그들이 일할 수 있는 기반을 만들어주신 박상은 형제는 진실로 귀하고도 귀한 분입니다.

하나님께서는 그를 얼마나 기뻐하셨을지요. 아브라함에게 주셨던 그 축복의 약속을, 박상은 형제와 그 후손에게도 이어주시리라 믿습니다. 그리고 마침내 주님 앞에 서게 되었을 때, "잘하였도다, 착하고 충성된 종아"라는 그 귀한 말씀으로 주님의 사랑의 음성을 들으셨을 박상은 형제를 바라보며, 저는 그분을 부러운 마음으로 뒤따라가겠습니다.

홍정길
남서울은혜교회 원로 목사

하나님의 소중한 아들

김운성

사실 박상은 장로님이라 부르니 어색합니다. 우리는 늘 이름으로 불렀지요. 친구니까요. 그렇게 부르며 산 지 반세기가 지난 지금, 박 장로님이 세상에 없어 하늘만 쳐다보게 되었으니 정말 허전합니다. 그러나 하나님 안에서 다시 만날 소망 안에서 위로받고, 부끄럽지 않게 남은 삶을 살리라 다짐합니다.

우리는 중학교 시절에 처음 만났습니다. 당시는 중학교 진학 추첨제가 시작된 지 얼마 되지 않았을 때입니다. 제가 속한 학군에도 여러 중학교가 있었는데, 어른들은 두 학교만 아니면 어디든 괜찮다고 하셨습니다. 하나는 시흥 어딘가에 생기는 신설 중학교인데, 교통이 불편했고, 신설 학교라 선배도 없고, 시설도 부족했습니다. 그리고 또 하나가 서울 영등포구 신길동에 있는 장훈중학교였습니다. 장훈중학교는 장훈고등학교와 장훈여자고등학교가 함께 있었고, 장훈여자고등학교는 야간부로서 장훈중학교와 교실을 함께 썼습니다. 어른들이 이 학교에 배정받으면 안 된다고 했던 이유는 장훈고등학교 학력이 매우 낮다고 알려졌기 때문이었습니다. 장훈중학교에 배정되던 날, 어머니는 눈물까지 보이셨습니다.

그러나 저는 즐겁게 다녔습니다. 문래동에 살던 저는 학교까지 걸어 다녔는데, 번화한 영등포역을 오가면 눈요기할 게 참 많았습니다. 그중에서도 대장간에서 망치를 만드는 과정을 정신없이 바라본 적도 있었습니다. 게다가 중학교에서 저는 소중한 이들을 만났는데, 한 분의 선생님과 한 분의 친구입니다. 교회 집사님으로 사회과목을 가르치던 하봉옥 선생님과 박상은 장로님입니다. 제가 많이 아플 때 선생님과 친구가 크게 힘이 되었습니다.

박상은 장로님은 저와 짝꿍이었습니다. 그것도 2년 동안이나 한 책상에 나란히 앉아 있었습니다. 당시 상은이는 목사님 아들이었고, 저는 장로님 아들이어서 참 잘 통했습니다.

상은이는 다른 아이들과 분위기가 달랐습니다. 매우 점잖고 차분했습니다. 맏형 같은 분위기였다고 할까요? 그리고 배려심이 많았습니다. 당시에는 길쭉한 2인용 책상을 함께 썼는데, 시험이라도 치면 선생님이 가방을 가운데에 올려놓고, 서로 보지 못하게 하셨습니다. 그래서인지, 수업 시간에도 가방을 가운데 올려놓는 아이들이 제법 있었습니다. 분단국가 아이들인 우리는 그 작은 책상도 둘로 나누어 분단을 일삼았지요. 철없던 시절이었습니다.

어떤 아이들은 책상 가운데에 줄을 긋거나, 심지어 칼로 파서 줄을 만들기도 했습니다. 그리고 짝꿍의 물건이 넘어오면 던져버리는 아이도 있었습니다. 싸움이 벌어지는 것이지요. 그러나 우리는 그렇게 하지 않았습니다. 저를 많이 배려했습니다. 박상은 장로님은 학생 때도 그랬습니다.

저는 중학교 시절에 많이 아팠습니다. 병명도 모르고 봄부터 늦가을까지 학교에도 제대로 가지 못했습니다. 얼굴은 안면마비 환자처럼 돌아간 채로 부어 있었고, 상체도 일부 마비되어 뻣뻣하고, 말이 자유롭지 않았습니다. 그때 앞에서 말씀드린 선생님이 큰 힘이 되셨고, 상은이가 큰 용기가 되었습니다. 학업도 도와주고, 필요한 자료도 챙겨주었습니다.

가끔 가정 이야기도 했는데, 아버님이 대길교회를 목회하신다고 하면서, 가족이 많다고 자랑하기도 했습니다. 저는 이북에서 피난오신 아버님께서 이곳에서 재혼하셔서 저를 낳으셨고, 제가 두 살일 때, 어머님께서 동생을 낳고 그날 돌아가셔서 저 혼자였습니다. 늘 혼자 외톨이던 저는 상은이네 가정 이야기를 들을 때마다 부러운 생각을 하곤 했습니다.

그 후 우리는 졸업하고 각자의 길을 갔습니다. 저는 목사가 되어 부산 영도에서 오랫동안 목회했습니다. 박 장로님은 장기려 박사 기념행사를 비롯한 기독 의료인 행사 때마다 부산에 오곤 했는데, 그때마다 만날 수 있어서 기뻤습니다. 박 장로님의 마음에는 늘 미래가 담겨 있었습니다. 의사로서의 안락하고 편안한 삶이 아닌, 이 땅의 교회들과 우리 사회의 미래를 늘 걱정했고, 세계 인류를 위한 마음이 컸습니다. 앞으로 하고 싶은 일이라면서 여러 포부와 기도 제목을 이야기할 때면 목사인 제가 늘 부끄러웠습니다. 박 장로님 마음에는 늘 미래가 있었습니다. 박 장로님이 아프리카미래재단에 열정을 쏟았는데, 그의 가슴에 있던 미래라는 단어와 절묘하게 조화된다고 생각했습니다.

박 장로님은 거절할 줄 모르는 사람이었습니다. 다양한 기관과 선교단체에서 도움과 조언, 협력을 요청할 때마다 있는 힘을 다해 참여했습니다. 그의 주변에 도움을 받은 이들, 함께하길 원하는 이들이 모여들었습니다. 우리가 늘 기도하는 대로 그리스도인의 선한 영향력을 가진 모범적인 하나님의 아들이었습니다.

　이런 박 장로님에게 하나님께서는 다양한 달란트와 열정을 주셨습니다. 하나님께서 가장 편하고, 귀하게 사용하신 그릇이었습니다. 겨자씨 하나가 나중에 거목으로 자라듯이, 하나님께서 박 장로님의 생애를 그렇게 키우시고, 사용하셨습니다. 그 그늘이 그립고 아쉽습니다. 더 살았으면 얼마나 아름다운 일을 더 많이 했을까 생각해 봅니다. 그러나 하나님께서 귀한 사람을 곁에 두시려고 부르신 줄 믿습니다. 그리고 하나님께서는 박 장로님의 삶을 통해 이미 흡족한 기쁨과 영광을 받으셨을 줄 믿습니다. 천국에서 만날 그때를 기대합니다.

김운성
영락교회 위임목사.
중학교 당시 2년 동안 짝이었음.

탁월한 리더

박용준

대한민국의 의사이자 주님의 사랑이 넘치는 리더로서, 박상은 원장은 그의 생애를 통해 많은 사람들에게 소중한 기억으로 남을 것입니다. 그는 의료계와 한국과 세계의 교계에 큰 발자취를 남겼습니다. 특히 효산의료재단 샘병원의 의료원장으로서 많은 환자들에게 봉사하고 지원했습니다. 그의 의료적 지식과 기독교적 사랑의 정신은 항상 환자들과 그 가족들에게 큰 희망과 안정감을 주었습니다.

고려대학교 의과대학에서 의학을 시작한 그는 미국 세인트루이스대학에서 생명윤리를 공부하며 글로벌 의료 윤리의 중요성을 인식했습니다. 이후 성산생명윤리연구소 소장을 역임하고, 대통령 소속 제4기 국가생명윤리심의위원장으로서도 활동하며 국가적 차원에서 생명과 윤리 문제에 대한 논의를 이끌었습니다.

제가 1996년 김민철 누가회 이사장님 다음으로 누가회 이사장이 되었으며 다음에 박상은 원장이 누가회 이사장이 되었습니다. 김민철 원장님은 일찍이 선교적 깨달음으로 1994년 르완다 난민사태 시기에 저보다 먼저 르완다에 들어가서 난민을 위한 일을 시작하셨습니다. 그 다음으로 제가 그 일을 맡았고 박상은 원장이 연이어서 누가회 이사장 겸

회장으로 섬기는 가운데 우리는 1995년부터 1997년까지 3년간 한국누가회 안에서 국제의료 NGO 글로벌케어를 탄생시키기 위하여 반포의 남서울교회에서 화요일 새벽마다 NGO출범을 위한 기도를 하였습니다. 결국 우리는 1997년 2월 22일 사단법인 글로벌케어를 출범시키게 되었습니다. 글로벌케어라는 명칭을 부여하는 데에도 '세계를 치료하는 glove를 사용한 의사들로부터 시작한다'라는 아이디어를 내면서 global love로 발전했다가 마지막으로 global care로 명하게 되었습니다.

이렇듯 박상은 원장님은 모든 모임에서 탁월한 지혜와 유머로 모임에 활력을 불어넣었습니다. 그의 탁월한 리더십에 힘입어서 의료 NGO 글로벌케어가 탄생하게 되었습니다. 글로벌케어는 1997년 출범이후 국내 최초의 국제의료NGO로서 코소보난민사태, 터키 지진 사태 등 국제적 재난에 참여한 공적으로 2000년 보령의료봉사상 대상을 받게 되었습니다. 이는 박상은 원장님의 수고와 노력이 많은 기여를 하였습니다. 박상은 원장님은 누가회의 창립을 이끌었고 글로벌케어의 탄생에 크게 기여하였으며 이후 아프리카미래재단을 설립하여 현재도 기관을 통하여 아프리카와 세계 여러지역에 선교와 국제보건의료의 손길이 필요한 지역에 하나님의 일을 하고 있습니다.

그는 또한 많은 기간 동안 다양한 직책을 맡으며 사회에 봉사하였습니다. 한국누가회 회장, 보건복지부 장기이식 윤리위원, 고려대학교 의과대학 외래교수, 기독교의료선교협회 회장, 국제기독의사회 이사 등으로 활동하며 의료와 생명윤리의 중요성을 강조했습니다.

2023년 11월 5일, 그는 베트남 다낭에서 의료 선교 활동 중 갑작스러운 사인으로 세상을 떠났습니다. 그의 갑작스러운 죽음은 많은 이들에게 큰 슬픔을 안겼지만, 그의 헌신과 업적은 한국누가회원들과 우리의 기억 속에 영원히 남을 것입니다.

그의 가치 있는 생애에 경의를 표하며, 그의 윤리적 가치와 사랑으로 가득한 삶을 기억하며 그를 추모합니다.

_ 누가들의 세계 2024년 봄·여름호 Vol. 216 p18-19

박용준
전)글로벌케어 회장
1980년 연세의대 졸업

600개의 이메일

심재두

1980년 2월 과천 구세군 수양관에서 제1회 한국누가회 수련회가 열린 그 때에 한참 선배들을 모시고 준비하던 나는 다른 대학의 선배들을 처음 만났다. 고대, 서울대, 연대, 부산대, 이대, 경북대, 조선대…, 전국에서 모인다는 것이 참으로 신기했던 나는 그 분들을 잘 기억하려고 애썼는데 그 중의 한 명이 박상은 원장님이셨다. 먼저 졸업하고 부산에 가셨고 나는 서울서 지냈지만 학사수련회와 운영위 모임 등에서 종종 만났었다.

성남중앙병원 진료부장 시절에_ 1992년

나는 누가회를 위해 협동간사와 전임간사로 헌신하였다. 특히 전임간사 시절에 월급이 75만 원으로 아내와 두 아들의 생활비로는 매우 부족했다. 그래서 당시 운영위원이었던 형과 상의, 성남중앙병원에 매주 금요일마다 당직을 서도록 연결해 주었다. 필요한 재정의 일부를 공급받는 것만이 아니라 의료인으로서 의료를 멀리하지 않도록 하는 배려였다.

안양 샘병원에서 근무 시작한 후에_ 2000년 이후

1993년 나와 가족은 알바니아 선교사로 떠났다. 한국에 올 때마다 같이 만나서 누가회의 비전과 선교와 다양한 주제로 나누고 함께 하였다. 2000년 넘어서 안양샘병원에서 일을 시작한 뒤로는 한국에 오면은 항상 안양샘병원을 찾아 만나고 소식을 전하였다.

캐나다 밴쿠버에서_ 2005-2006년

우리 아이들이 알바니아에 학교가 없어서 여러 곳을 찾던 중 밴쿠버의 기독교학교에서 초청을 받아 학교에 다니게 되었다. 그 때에 박상은 형 식구들도 세계관학교로 와서 같이 시간을 보냈다.

안식년에 누가회 사무총장을 하면서_ 2006-2008년

파송교회의 허락을 받아 한국누가회 사무총장으로 봉사하던 시절에 박상은 형은 이사장이었다. 수시로 누가회의 다양한 일들에 대해 연락하고 논의하고 지시받고 결정하고 진행하였다.

ICMDA(국제 기독의사회치과의사회 4년마다의 모임)

2002년, 2006년, 2010년의 ICMDA국제 모임에 같이 참석하여 활동을 하였다.

의료선교협회에서_ 2015-2017년

선교사로 국내사역을 시작할 때에 의료선교협회 회장으로 선출된 형은 총무로 영입하여 한국의료선교의 역사에 봉사하게 하였다.

호주와 미주 의료선교대회

2016년 호주의료선교대회에 같이 참석하였고 미주의료선교대회도 참석하였다.

로잔 모임에서_ 2017-2023년

한국로잔모임의 부의장이었던 형은 내가 전문인 분과를 맡아 해주기를 요청하였고 과거 선교사 시절에 로잔운동에 계속 관심을 가졌던 나는 바로 수락하여 전문인 분과를 맡아 역할을 하였고 로잔모임 때마다 다시 만나곤 하였다.

귀한 형을 하늘나라에 보내면서 나의 이메일에 있는 약 600개의 수신, 발신 메일과 사진첩에 많이 남아있는 사진들을 보면서 감사와 기쁨과 슬픔과 설명할 수 없는 감정이 종종 오곤 한다.

심재두
한국누가회 이사장, 의료선교사

With Dr. Park in CMF conference, 1981

배도선

I remember the 1981 CMF conference at which we explored the book of Amos. Dr. Park was with us. We probably remember Ch. 4,1 – the 'cows of Bashan' – wealthy women who oppressed the poor – and the drama that the students prepared entitled 'the cows of Masan' – a bunch of doctors' wives intent on getting as much as possible out of the poor patients – and the student drama of how the Lord suddenly appears, they all fall to the ground, He goes to each and hangs on their necks a sign that says 'greed' or 'hard heartedness' or 'selfishness' etc… and then how He goes round, takes the signs and puts them on His own neck and stands at the back silhouetted against the form of a cross. It was one of the most powerful expressions of the atonement that I have ever seen.

Dr. Park graduated medical school in 1982. Then he finally chose to do residentship in Pusan rather than in Seoul.

I heard he pass away in November 2023. Please say sorry with heartfelt condolence to his family.

_ Dr. Peter Pattison from UK

CMF 컨퍼런스에서 닥터 박과 함께, 1981년

1981년 CMF 컨퍼런스에서 닥터 박과 함께 아모스서를 탐구했던 기억이 납니다. 당시 우리는 아마도 4장1절에 등장하는 "바산의 암소"라는 표현을 통해, 부유한 여성들이 가난한 자들을 억압하던 상황을 함께 묵상했습니다.

그때 학생들이 준비한 연극도 아직 생생합니다. 그 연극은 '바산의 암소'를 모티브로 하여, 가난한 환자들을 착취하는 의사들의 부인들을 풍자했는데, 주님께서 나타나시자 연극 속 인물들이 무대에서 쓰러지며 목에는 '탐욕', '냉혈한', '이기심'이라고 적힌 팻말이 걸렸고, 이 팻말들을 주님께서 스스로의 목에 걸고 십자가를 지신 모습으로 연극이 마무리되었습니다. 그 장면은 지금까지도 제가 본 속죄의 표현 중 가장 강렬한 이미지로 남아 있습니다.

닥터 박은 1982년 의과대학을 졸업한 후 서울이 아닌 부산을 선택해 레지던트 과정을 시작하였습니다. 2023년 11월에 닥터 박이 세상을 떠나셨다는 소식을 들었습니다. 가족분들께 진심으로 애도를 표합니다.

_ 영국에서 피터 패티슨 박사

피터 패티슨 (배도선_ 한국명)
1937년 영국 출생, 캠브리지 의대, 1969년 OMF의료선교사로 한국 입국,
마산 소아결핵병원 사역, 성서유니온 창설, 한국 OMF 창설

멋진 테너 가수

유기환

하나님 나라를 삶의 우선 순위에, 아니 삶의 중심에 두고 영적인 삶을 살다간 우리의 친구 박상은 선생. 주께서 뿌려주신 겨자씨의 역할에 충성하며 이 거친 세상에서 하나님 나라의 실현과 확장을 위해 최선의 삶을 살아낸 우리의 멘토 박상은 선생.

박상은 선생의 열정을 기억합니다. 그리고 그리워 합니다.

1976년 어느 따스한 봄날, 고려대학교 교정 인촌 동산 잔디밭에 의예과 신입생들이 모였습니다. 자기 소개와 노래 한 곡씩 부르는 그런 풋풋한 자리였습니다. 어느 멋진 청년이 아름다운 테너의 음성으로 가곡을 불러 좌중을 놀라게 하였습니다. 박 선생이었습니다.

1981년 고대 의대 본과 4학년생들은 그 당시로는 호화스러웠던 제주도 수학여행을 떠나게 되었습니다. 여행 도중에 부활절을 맞게 되었고 저는 조용히 일어나 숙소 앞 자그마한 교회에 부활절 새벽 예배를 드리러 갔습니다. 놀랍게도 상은이를 포함한 동기들 몇몇이 모여 있었고 우리는 함께 뜨겁게 기도하며 새벽을 깨웠습니다.

졸업 후 우리는 헤어졌고 상은이가 부산에서 신장내과 전공을, 저는 서울에서 소아 신장을 전공한 관계로 가끔 신장학회에서 만났습니다.

이후 상은이는 CMF, 저는 CCC AGAPE 사역을 전담하며 한국 의료 선교의 새 시대를 열었고 서로 조금은 다른 길을 갔지만 의료 선교라는 큰 테두리 안에서 수십 년간 훌륭한 협력 사역을 하였습니다. 그간 셀 수 없이 많은 일들이 있었지만, 그 중에서도 둘이 서로 한국의료선교협회 총무와 회장을 사이 좋게 주고 받은 일, 의료 선교 대회와 의료 선교사 대회 개최를 위해 둘이 같이 기획하고 의논하며 뛰던 일 등이 기억에 많이 남습니다.

뛰어난 영성과 넘치는 활력 및 추진력, 폭넓은 대인 관계, 모든 사람을 부드럽게 이끄는 화합의 리더십을 갖추고 하나님 나라의 확장을 위해 이 세상에서 최선의 삶을 산 우리 박상은 선생! 하나님이 이 세상보다 하늘나라에서 박 선생이 더 필요해 일찍 데려가셨지만, 그토록 애타게 그리던 하나님과 정말 진정한 평안 안에서 귀한 시간을 누리고 있으리라 믿습니다.

사랑하고 존경합니다. 그리고 고마웠습니다.

천국에서 만나요.

유기환
고려대학교의대 명예교수. 우리 아이들병원 명예원장.
한국기독교의료선교협회 증경회장. 전) CCC 아가페 이사장

여러 사람에게
여러 모습이 된 그

조원민

"내가 여러 사람에게 여러 모습이 된 것은
아무쪼록 몇 사람이라도 구원하고자 함이니"

2010년 한국기독교의료선교협회 실행위원으로 참석하면서 박상은 증경회장님을 자주 뵐 기회가 있었다. 주로 회의 자리가 대부분이었지만 이 글을 쓰면서 증경회장님을 떠올려보니 직책의 변화와 만나는 대상에 따라 여러 모습으로 충실하셨었다는 기억이 새록새록 솟아난다. 특별히 내가 의료선교대회 총무, 조직위원장, 대회장으로 직접 관여하였던 2011년부터 2023년까지 2년마다 열리는 대회에서 다양한 모습으로 섬겨주셨던 것들이 떠오른다.

그 중에 하나는 선교대회에서 조장으로 섬기셨던 모습이다. 과거의 선교대회에 참석한 대부분의 사람들은 개인적인 열심을 가지고 강의를 듣거나 각 선교 단체를 소개하는 부스를 방문하고 가까운 사람들과 교제하면서 선교에 대한 이해와 관계를 넓혀 나갔었다. 그러나 어느 순간부터 강사로 참여하는 선교사들의 숫자가 늘어나고 다양한 영역에서 하나님의 선교에 참여한 경험이 쌓여 있는 기독보건의료인들이 늘어나게 되면서 선교에 관심을 갖고 의료선교대회에 처음 참석하는 숫자는 줄었으나 선교에 대해 알고자 하고 경험 많은 선교사님 혹은 기독보건의료인들과 교제하며 관계를 맺고자 하는 요구가 커졌다. 이에 따라 대회를 준비하면서 선교대회 참석자들을 소그룹으로 나누고 선교사님과 선교적 삶을 살아가는 시니어 기독보건의료인들을 조장으로 임명하여 같이 대회기간 내내 조별 활동을 할 수 있도록 조직화하였다.

이 때에 증경회장님은 누구보다도 성실하면서도 다양한 모습으로 여러 사람에게 다가가서 조별활동과 관계 맺기를 수행하셨다. 첫 모임에서 즉각적으로 단체 카톡으로 공동체를 이루고 서로 연락처를 받아서 개별적으로 문자를 주고받고, 식사도 같이하고, 대회가 끝나고 나서도 관계가 지속될 수 있도록 애쓰셔서 다음 대회에서 다시 만나는 사람들까지 생길 정도였다. 대부분의 조별 모임이 원활하게 진행되지도 않고 대회기간을 끝으로 종료되는 경우가 다반사였지만 한 영혼을 사랑하고 하나님의 선교적 열정을 그리스도의 제자로서 증언하기 위한 섬김과 나눔은 늘 옆에서 지켜보는 나에게 도전이 되는 모습이었다.

또 다른 모습은 선교사들을 섬기고 소통하시는 모습이다. 평상시에 선교사들과 어떻게 관계를 맺고 친숙하게 지내시는 가를 가장 잘 드러내 주는 장면으로 의료선교대회 저녁 집회시간에 선교사들을 하나로 묶어 하나님을 찬양하는 모습이었다. 그 첫 등장이 2015년 분당 만나교회에서 있었던 14차 의료선교대회였다. 그 대회의 대회장으로 바쁜 와중에도 참석한 선교사들을 모아 지휘자로 찬양을 연습하고, 선교사가 사역하는 각 나라의 전통 복장을 입고 무대에 등단하여 찬양을 하던 모습은 비록 모든 선교사들이 한국인이지만 그 순간은 요한계시록의 "각 나라와 족속과 백성과 방언에서 아무도 능히 셀 수 없는 큰 무리가 나와 흰 옷을 입고 손에 종려 가지를 들고 보좌 앞과 어린 양 앞에 서서 큰 소리로 외쳐 이르되 구원하심이 보좌에 앉으신 우리 하나님과 어린 양께 있도다"라는 말씀이 눈 앞에 생생하게 펼쳐진 하나님 나라의 임함이었다.

코로나로 인해 제한적으로 열려질 수밖에 없었던 2021년 대회의 아쉬움을 뒤로하고 2023년 전주 온누리교회에서 열린 18차 의료선교대회에서 선교사들을 모아 다시 한번 그 감동과 감격을 맛볼 수 있도록 섬겨 주셨던 증경회장님의 모습이 지금도 생생하게 나에게 각인되어 있었는데 대회가 끝나고 얼마 지나지 않아 갑작스러운 소천 소식을 접했으니 도무지 받아들일 수가 없었다. 수없이 많은 하나님의 사람들이 증경회장님의 뒤를 따르려 애쓰겠지만 어느 누가 이렇게 겸손하게 세대와 직능과, 지역과, 능력에 따라 여러 사람에게 다양한 모습으로 다가갈 수 있을까? 나에게 생생한 목소리로 옆에서 말씀하고 계시는 듯하다. "…너도 가서 이와 같이 하라"

2024년 9월 27일

조 원 민
다산퍼스트정형외과 원장
한국기독교의료선교협회 증경회장

멋있는 사나이

김명진

아직 찬 바람과 냉기가 겨울의 끝자락을 붙들고 있던 1986년 2월 어느 날, 나는 치과대학을 졸업하고 군복무를 위하여 대구에 있는 군의학교에 입소하였다. 군의관으로 그리고 공중보건의로 군복무를 대신할 전국의 의치대 졸업생과 수련을 마친 전문의들이 함께 모여, 머리를 짧게 자르고 나이가 비슷하거나 훨씬 어린 초급장교들의 지휘를 받으며, 소위 짬밥(?)을 먹으며 군대생활을 경험하게 되었다. 나처럼 막 대학을 졸업한 20대 중, 후반부터 수련을 마친 30대 초, 중반의 의사들이 함께 훈련을 받으며 전우애(?)를 나누었다. 내과수련을 마치고 입소한 박상은 선생님을 내가 처음으로 만난 곳이 바로 그곳 훈련소였다.

대구군의학교는 신검을 위한 곳이어서 비교적 느슨하고 자유로웠으나 본격적으로 군인으로 훈련을 받게 된 영천에 있는 3군사관학교는 나름 군기가 확실히 잡힌 곳이었다. 두 달여를 신병훈련소와 같은 내용의 군사훈련을 받게 되었는데 육체적으로도 힘들었지만 가장 괴로운 것은 예배를 비롯한 종교활동이 제한되었던 것이었다. 그런데 몇 주가 지나고 교회 가는 것이 허락된다는 사실을 알게 되고 같은 중대원들 가운데 신앙인들이 모여 예배의 특송을 준비하자는 얘기가 돌았다. 바로 박상은 선생님이 주도한 것이다. 시간이 날 때마다 틈틈이 모여 찬송가를 정해 연습을 하였다. 이미 우리 가운데는 당시에 CMF에서 활동하던 형제들, 그리고 여러 캠퍼스에서 학생선교단체와 기독동아리에서 활동하던 형제들이 다수 있어서 그 숫자가 제법 되었다. 드디어 기다리던 첫 예배를 드리러 가던 날, 설레이는 마음으로 줄을 맞춰 '멋있는 사나이'를 목청껏 부르며 교회로 가던 행진이 지금도 눈에 선하다. 교회에 들어서는 순간, 누구라고 할 것도 없이 모두 왠지 모를 뜨거운 눈물을 흘리고 있었다. 시간이 되어 특송을 하러 나간 우리들은 앞에 선 박상은 선생님의 지휘를 따라 가장 감격스럽고 아름다운 찬양을 흐르는 눈물과 함께 주님께 드렸다.

박상은 선생님을 기억하면 많은 것들이 떠오르지만, 내게는 예배를 사모하고 아름다운 찬양으로 주님을 높이셨던 모습이 가장 인상적으로 남는다. 그 후에도 어느 모임에서나 그와 함께 찬양을 드리는 시간은 그의 미성의 테너가 빚어내는 아름다운 하모니가 빠지지 않았다.

주님과 하나님의 나라를 향한 그의 사랑과 열정은 많은 분들이 공통적으로 기억하며 닮고 싶을 것이다. 그 가운데에서 특히 늘 내게 도전이 되는 것은 후배들과 젊은 세대를 격려하고 세워가는 것이었다. 2022년 12월 나는 (사)한국기독교의료선교협회 회장의 자격으로 아프리카미래재단 그리고 고대의대 교수님들과 함께 남아공과 에스와티니를 방문하게 되었다. 중남부아프리카 선교사 수련회에서 선교사님들의 건강을 돌보고 에스와티니에 세워진 기독 의과대학의 의학과 설립지원을 위한 세미나에 참여하게 된 것이다. 일주일 여의 시간동안 박상은 선생님의 리더십을 가까이서 볼 수 있었다. 아프리카의 미래를 생각하며 그를 사로잡고 있었던 것은 다음 세대의 의료인들이었다. 당시에 함께 의료봉사에 참여하였던 MK 가운데 남아공의 의사였던 자매와 젊은 치과 의사 그리고 의과대학생들은 다음해에 탄자니아에서 열릴 ICMDA 총회에 가능한 많은 젊은이들을 동원하는 것이 그에게는 꼭 풀어내야 할 숙제 같은 것이었다. 그런 열심과 관심이 결과적으로 CMF와 누가회 그리고 ㈜아프리카미래재단이라는 귀한 공동체가 태동하고 성장하게 된 원동력이 되지 않았을까 한다.

미국과 대양주 그리고 한국을 잇는 기독의료 선교인들의 연합체를 통해서도 주님은 박상은 선생님을 사용하셨다. 2022년 10월 미국 오렌지 카운티에서 열린 미주한인의료선교대회에 함께 가서, 참석한 많은 젊은이들에게 아프리카를 향한 그의 꿈을 나눠주며 도전하였던 그의 모습은 정말 내가 닮고 싶은 바로 그것이었다. "혹시 몇 번이나 아프리카를 방문하셨나요?"라는 나의 질문에 "50번까지 세다가 더 이상 세지 않게 되었어요."라는 답변을 하셨다. 그 먼 아프리카를 마치 이웃집 가듯이 다니셨던 그의 걸음이 거쳐간 곳마다 그를 닮은 사람들이 세워지고 그의 꿈을 이어, 더 이상 아파하지 않을 아프리카를 섬길, 그리고 생명을 소중히 여기는 사람들이 일어나기를 그래서 주님의 나라가 세워지고 완성되어 가길 기도한다.

많은 세월이 흘러도, 그가 전심으로 찬양하던 모습과 아름다운 목소리 그리고 그의 후배들을 향해 웃어주던 선한 웃음을 잊을 수 없을 것 같다.

김명진
크리스탈치과 원장
전)치과의료선교회 회장, 한국기독교의료선교협회 증경회장

내가 닮고 싶은 리더

강범석

박상은 대표님과의 첫 만남은 2012년으로 기억합니다. 그 당시 (사)한국기독교의료선교협회 임원으로 협력하고 계셨는데 이후 2015년 협회장이 되시면서 협회장 임기인 2년 동안 가까이에서 협회 사역을 함께 하게 되었습니다.

협회장으로 역임하시는 동안 함께 아프리카, 미주, 호주 등으로 다니며 여러가지 협력사역을 논의하고 협회의 방향성과 세계 기독의료인들의 연합을 위해 많은 노력을 하셨던 모습이 여전히 마음에 남아 있습니다.

특히 세계 곳곳에 계시는 한인 기독보건의료인들의 연합사역에 대해 고민하고 한 우산 아래 의료선교라는 비전을 갖고 모두 함께 나아갈 방향을 도모하기 위해 노력하던 모습을 기억합니다. 그렇다고 국내 활동에 소극적이지도 않았는데 매달 네 번째 목요일에 함께 모여 기도하는 사목기도회, 의료선교에 대해 교육훈련을 받을 수 있는 의료선교교육훈련원에서의 강의 그리고 각국에서 애써 주시는 의료선교사님들을 초청해 의료선교사대회를 개최하였고 2015년 분당 만나교회에서 열렸던 14차 의료선교대회 대회장으로서 분당지역 기독병원 리더들뿐 아니라 부산 대구 등 각 지역 의료선교 리더들을 만나 의료선교대회 개최를 위해 애써 주셨습니다.

제가 만난 박상은 대표님은 때로는 큰형처럼 때로는 스승처럼 다가와 주셨습니다. 어떤 사역을 계획하고 진행하는데 있어서 하나님께서 기뻐하시는 방향을 위해 혼자가 아닌 함께 하는 방법으로 귀를 기울였고 실수가 있으면 직원들을 꾸짖기보다 기다려 주시고 격려해 주시던 리더였습니다.

글을 쓰다가 재미난 기억이 하나 떠올랐는데 박상은 대표님께 쌍둥이 형제가 있는 걸 모르고 어디선가 반갑게 인사드렸던 분이 나중에야 박상은 대표님 쌍둥이 동생분이셨던 걸 알아서 뻘쭘했던 기억이 떠올랐습니다.

곁에서 뵈었던 박상은 대표님은 선교에 힘쓰며 선교적 삶을 살기위해 온 힘을 다하셨습니다. 선교적 삶을 위해 사셨던 만큼 가정을 아끼셨던 분으로 기억합니다. 가족을 사랑하고 가족공동체를 아끼셨기에 더욱 더 선교적 소명을 위해 사는 삶의 모범을 보여주셨겠지요.

박상은 대표님이 하나님의 부르심을 받으신 후 협회 자료들을 정리하다 보면 어떤 사역이든지 어떤 행사든지 박상은 대표님의 모습이 곳곳에 사진으로 영상으로 남아 있어 오히려 이 땅에 안 계심을 실감하기 어려웠습니다. 열심히 살아오셨음의 결과물이 남아 있는 거라고 할 수 있겠습니다. 바람같은 삶을 살다 가신 박상은 대표님을 기억하며 하나님의 선교에 더욱 기도하며 모이기를 소망합니다.

찬양 부르시기를 즐겨하시던 박상은 대표님. 의료선교대회 때 선교사님들 앞에서 지휘하면서 찬양으로 대회를 채워 주셨던 모습들, 행사마다 눈 감고 찬양을 부르셨던 모습들 기억나네요. 의료선교교육훈련원에 타민족 의료선교 관련 강의를 하러 오시면 강의 후 늘 아프리카 속담을 들려주셨습니다.

'빨리 가려면 혼자 가고 멀리 가려면 함께 가라.'

그 말을 기억하며 협회 회원단체와의 연합사역에 하나님의 뜻을 따라 함께 하는 자들이 되기를 소망합니다.

강범석
(사)한국기독교의료선교협회 사무국장

인턴이 감히

양승봉

상은이는 나의 가장 사랑하고 존경하는 친구이다.
지금은 하늘나라로 먼저 가서 이 땅에서는 다시 만날 수 없다.
너무 보고 싶은데 볼 수가 없다.
나는 상은이와 함께 많은 축복의 시간을 누렸다.
함께 너무 좋은 시간들을 보냈다.
상은이와 함께한 시간들을 다시 떠올려본다.

상은이와 나는 1980년 CMF 첫 수련회에서 처음 만났다. 그리고 1981년 두 번째 수련회에서도 만났다.
 학교를 졸업하기 전에 서울에 있던 상은이 집을 방문하였다. 6남 1녀 중 6번째 자녀였고, 아버님이 우리 나라 10대 부흥사이셨던 박용묵 목사님이셨다. 내가 떠나기 전 박 목사님께서 나의 머리에 손을 얹고 축복의 기도를 해 주셨다. 어머니께서 상은이가 고1 때 돌아가신 것도 알게 되었다. 나중에 조금씩 더 알게 되었지만 부모님도 훌륭하시지만, 상은이네 7형제 자매 한 사람 한 사람이 성숙한 믿음을 가지고 한국교회와 한국을 섬기고 있다. 내가 경험한 가장 훌륭한 믿음의 가정이라 생각을 한다. 둘째 형인 박재형 교수님은 서울의대 교수님으로 내가 속한 인터서브선교회의 초대 이사장으로 8년을 섬기셨고, 은퇴 후에는 의료선교사로 아프리카에서 일하고 계신다.

부산 복음병원으로 함께 가다 (1980 CMF 수련회 ~ 1982년 2월)

나는 1981년 부산의과대학 졸업을 앞두고 상은이와 함께 한국에 가정의학을 소개한 윤방부 교수님께 가정의학과 예방의학을 수련받고 싶었다. 한국 의료가 바로 세워지기 위해서 필요한 수련이라 생각을 하고 있었다. 10월에 연세대 예방의학교실에 계신 김일순 교수님을 찾아뵈었고, 내가 원하면 받아주겠다고 하셨다.

내가 김일순 교수님과 면담을 하는 동안 상은이는 밖에서 나를 기다리고 있었다. 김 교수님은 친절하게 나에게 일주일 시간을 줄 테니 잘 생각해보고 결심이 서면 연락을 해 달라고 하셨다. 상은이와 나는 연세대 교정을 크게 두 바퀴나 돌며 나의 진로에 대해 의논을 했다. 그러고 나서 서울대에 잠시가 있으시던 윤방부 교수님을 찾아뵈었다. 윤 교수님은 당신이 곧 전주예수병원으로 옮겨서 가정의학 수련을 시작할 예정이니 나보고 먼저 예수병원에 가라고 하셨다. 그러나 실제로 윤 교수님은 전주예수병원에 오시지는 않았다.

상은과 나 그리고 김창수(서울대 출신으로 예수병원에서 외과 수련을 받음) 3명이 전주 예수병원을 방문하였다. 설대위 원장님을 뵙고 예수병원 인턴 지원서를 받아들고 부산으로 돌아왔다.

전주예수병원에서 가정의학을 먼저 수련받는 것이 순서라 생각을 하고 김일순 교수님께는 전화로 감사와 나의 결정을 말씀드렸다. 나는 전주 예수병원에 인턴 지원서를 작성하여 보낼 준비를 하고 있었다. 그런데 서울에서 상은이가 부산으로 내려왔다. 인턴 시험을 약 3-4주 앞둔 시기였다. 부산복음병원에서 수련을 받겠다는 것이었다. 약 한 달간 우리 집에 머물게 되었다.

상은이는 10월 이후 마산에 계시는 배도선 선교사님을 찾아뵈었는데, 배도선 선교사님이 곧 부산복음병원으로 오실 예정이니 먼저 가서 기다리라고 권했다고 했다. 부산복음병원은 장기려 선생님이 세우신 의미가 있는 병원이고, 고신의과대학병원이기는 했지만 당시는 250병상의 작은 병원이었다. 상은이가 병원을 방문하고 싶어해서 내가 안내를 하게 되었다. 솔직히 복음병원은 나도 갈 생각을 전혀 하지 않았고, 상은이에게도 복음병원에 가는 것을 만류하였다. 상은이는 서울에서도 얼마든지 좋은 병원에서 수련을 받을 수 있었지만, 배도선 선교사님의 권유를 따라 부산의 한 모퉁이에 있는 작은 병원을 찾아온 것이다.

"내가 복음을 부끄러워하지 아니하노니 이 복음은 모든 믿는 자에게 구원을 주시는 하나님의 능력이 됨이라(롬 1:16)"

복음병원이 작고 보잘것없는 병원이지만 "복음병원"에 오는 것을 부끄러워하지 않는다는 것이었다. 나는 고민을 많이 했다. 나와 상은이는 밤늦게 우리 집 뒷산에 있던 기도원으로 올라갔다. 상은이와 좀 떨어져 큰 바위 위에서 나는 기도를 했다. 그러다 문득 가정의학을 공부하고 예방의학을 하려는 내 마음속에 야망이 숨겨져 있다는 것을 깨닫게 되었고, 그것을 내려놓아야겠다는 생각에 이르게 되었다. '하나님 앞에 선한 뜻'을 가지고 있는 상은이를 옆에서 도와야겠다는 생각을 하게 되었고, 상은이와 함께 부산복음병원에 인턴 지원을 하게 되었다.

부산 복음병원에서 (1982년 3월~1987년 2월)

상은이와 함께 한 복음병원에서의 수련기간은 정말 매우 행복한 시간들로 기억을 한다. 막상 가보니 작은 병원이라 단지 11명의 인턴만 있었다. 인턴 숙소가 비교적 좋았는데, 상은이와 나는 같은 방을 쓰게 되었다. 각자에게 책상과 침대, 케비넷이 하나씩 주어졌다. 그렇게 인턴 1년 동안 같이 생활을 하게 되었다. 우리는 매일 말씀 묵상과 기도를 했다. 서로에게 격려가 되었다. 자다가 일어나 보면 상은이가 묵상하고 기도를 하고 있었다.

복음중창단

인턴 생활을 시작하고 얼마 되지 않아 상은이가 중창단을 만들자고 제안을 했다. 믿음이 좋은 간호사들과 직원들이 참여를 하여 일주일에 한 번씩 병동을 돌면서 찬양을 했다. 1년에 한 번은 합창제를 하기도 했다.

복음병원이었지만 그동안 신우회도 없었고, 중창단도 없었는데 두 사람의 인턴이 제안을 해서 중창단이 발족하게 되었고, 이 중창단은 이름이 중창단이지 대원이 30명이 되는 합창단 같은 규모였다. 중창단은 신우회와 같은 공동체가 되었다. 중창단 식구들과의 교제는 병원 생활을 즐겁게 만들어 주었다. 상은이는 테너, 나는 베이스라 쉽게 중창단이 구성이 되었다. 중창단이 소풍을 가기도 하였다. 이 중창단은 우리가 병원을 떠나고 난 뒤에도 지속이 되었다. 한 해는 상은이가 회장, 다음 해는 내가 회장을 했다.

이동도서문고

중창단이 발족한지 얼마 지나지 않아, 상은이가 제안을 했다. 환자들에게 신앙서적을 빌려주는 이동도서문고를 시작하자는 것이다. 우연히 사진 한 장을 보았는데 외국의 한 병원에서 수레에 책을 싣고 환자들에게 나누어주고 있었다는 것이다. 환자들에게 책을 빌려주는 일은 밑빠진 독에 물 붓는 것과 같아 끊임없이 책을 사서 공급을 해야 했다. 후원자들을 모았다. 한 달에 1만원 후원하는 후원자가 25명이 되었다. 재정은 넉넉했다. 요즈음으로 치면 적어도 한 달 예산이 150만 원은 되었을 것 같다. 일주일에 두 번 책을 빌려주었다. 자원봉사자는 대부분 병원 옆에 있는 고신대학 학생들(의학과, 신학과 등)이었고, 멀리서 오는 다른 봉사자들도 있었다. 이 사업은 적어도 20년 이상 지속이 되었던 것 같다. 일반 서적도 있었지만 신앙서적을 많이 갖추어 복음을 전하는 노력을 하였다.

그런 생각이 들었다. 가장 바닥 일을 하는 인턴인 주제에 의미 있는 복음 중창단과 이동도서를 시작할 수 있었고, 우리가 떠난 뒤에도 최소 20년 이상 지속이 되었다는 것이 너무 행복했고 감사했다.

성경공부

인턴 후반기에는 OMF 모신희(Cecily Moar)선교사님을 모시고 성경공부를 하였다. 예수를 모르는 다른 인턴 친구도 초대하였다. 우리가 레지던트가 되었을 때는 후배들을 초대하여 식구가 늘어났다. 때로는 성경공부가 있기도 하고, 없기도 했는데 성경공부를 할 때 영적으로 더 풍성했던 것 같다.

CMF 협동간사

의과대학을 졸업하면서 CMF 출신 중 5명이 기독학생회(IVF)의 협동간사로 임명이 되었다. 당시 대구에 와계시던 박영덕 간사님이 정기적으로 부산을 방문하여 상은이와 나를 훈련시켜 주었다. 상은이는 부산 치대를 맡아 정기적으로 방문을 하였고, 나는 고신의대를 맡아 학생들의 영적 성장을 도왔다.

부산 삼일교회 대학부 조교

상은이는 내가 다니던 부산 삼일교회에 출석을 했다. 엄청나게 바쁜 인턴 생활을 하고 있었는데 함께 대학부 조교를 하자고 상은이가 먼저 제안을 했다. 인턴이 주일에 정기적으로 교회 예배에 출석하는 것도 쉬운 일이 아닌데, 대학부 조교 역할까지 하는 것은 상상하기 어려운 일이었다. 그래도 우리는 조교로 학생들을 수년간 섬겼다.

다행히 삼일교회가 건축을 시작하여, 병원 옆에 있는 고신대학교 강당에서 예배를 드리게 되어 물리적으로 조교 역할을 감당하기가 용이한 편이었다. 특별히 고신대학에 오신 이상규 교수님께서 대학부 지도 목사로 계셔서 목사님 지도 아래 학생들을 섬길 수가 있었고, 이상규 목사님과는 지금까지 좋은 교제를 이어오고 있다.

통쾌한 수영까지

상은과 나, 경북대학 출신인 우영훈 이렇게 인턴 셋이서 죽이 맞아 가까이 어울렸다. 여름이 다가오자 세 명이서 수영을 하러 갈 준비를 했다. 미리미리 수영복과 수경, 스노클링 장비를 장만했다. 점심시간이 시작되면 우리 세 명은 구내매점에 가운을 벗어 두고, 매점 바로 앞에 있던 택시를 타고 송도 해변으로 내려갔다. 병원에서 해변까지 1Km 정도 밖에 안됐기에, 병원 출발 5분도 안 되어 우리는 시원하고 시퍼런 바닷물 속에 들어갈 수 있었다. 이미 수영복도 속에 입고 있었고, 점심으로 김밥도 매점에 미리 주문하여, 더운 여름에 시원하게 수영을 한 차례 한 다음에 바위 위에서 점심을 먹었다. 하루는 미국과 영국에서 온 여학생(Medical Elective) 두 명도 합류하여 함께 바닷가로 갔다. 병원 입구에 있는 매점에서 다시 의사 가운을 입고, 유유히 인턴 숙소로 돌아와 샤워를 한 뒤 일터로 복귀했다. "인턴이 감히!" 혹 누군가 그렇게 불렀다 해도 그러나 우리는 성공했다. 우리는 여전히 탁월한 인턴이었다. 이미 43년 전 일이지만 아무도 이 사실을 모를 것으로 생각한다.

누가회 활동

바쁜 인턴, 레지던트 수련 기간이었지만, 우리 두 사람은 누가회 수련회에 한 번도 빠지지 않고 참석을 했다. 특별히 인턴 때는 졸업여행을 포함하여 1년에 4번을 만났다. 졸업 여행을 마치며 우리는 비장한 헤어짐을 했다. 언제 다시 만날지 모른다는 생각이었다. 다시 살아 돌아온다는 보장이 없었다. 그러나 우리는 봄과 가을에 1박 2일로 모였다. 여름에는 부산 송정에서 2박 3일, 누가회 1회 수련회로 각각 모였다. 우리 두 사람은 이 4번의 모임에 모두 참석할 수 있었다. 인턴이라 각 의국의 허락을 받아야 했는데 한 번도 실패하지 않았다. 그리고 레지던트 때는 여름에 누가회 수련회가 열렸는데 한 번도 빠지지 않고 참석을 했다.

특별히 레지던트 1년차 때는 당시 교제 중이던 상은이 아내 이혜경님과 나의 아내 신경희님을 누가회 수련회에 초대를 했다. 앞으로 살고 싶은 삶을 누가회 수련회를 통하여 보여주기를 원했다.

군의관과 제대 후(1987년 3월 ~ 1992년 1월)

상은은 내과 수련이 3년이라서 나보다 1년 먼저 군대를 갔다. 해군이라 목포에서 1년, 마산통합병원에서 2년을 복무했다. 마산통합병원에서 근무할 때 정길용 선생님을 만나 누가회로 초대를 했다.

김해복음병원

상은이는 제대 후 고신의대 내과학교실에 교수로 임용이 되었다. 당시 고신의대에는 뛰어난 신장내과학 의사였던 이시래 교수님이 계셨는데, 상은이는 이 교수님 밑에서 매우 뛰어난 수련을 받았다고 생각을 한다.

나는 제대를 하고 고신의대 부속, 김해복음병원에서 일을 시작하였는데 상은이도 파견을 나와서 함께 2년을 근무하였다. 상은과 내가 두 병원에서 함께 일한 기간은 합하여 6년이 되었다. 김해복음병원에서도 우리 두 사람은 중창단을 만들어 병실 찬양을 했으며, 신우회를 조직하여 함께 성경공부하고, 수련회도 하고, 농촌 봉사를 다니기도 하였다.

상은이 부산을 떠나다

1991년 복음병원이 큰 어려움에 빠졌을 때 임상교수의 60% 정도가 사직을 하고 병원을 떠나게 되었다. 상은이도 이때 병원을 떠나 성남으로 갔다. 그러나 나와 상은은 물리적으로 떨어져 있었지만 서로 깊이 연결되어 있었고, 이런저런 모양으로 자주 만났다. 나는 상은이와 다시 함께 일할 것을 늘 고대하고 있었다.

1991년 10월 제2회 의료선교대회에서 우리는 만나서 같이 시간을 보내는 중, 누가회 제2회 해외봉사를 네팔로 가기로 뜻을 모았다. 봉사팀의 단장은 박용준, 부단장은 양승봉으로 봉사단이 만들어져 1992년 1월 네팔로 의료봉사를 다녀왔다. 이후 하나님의 부르심을 확인한 양승봉 가족은 선교사로 떠날 준비를 하고 있었다. 1992년 말 선교 준비를 위해 가기로 한 뉴질랜드 성서대학(BCNZ)의 허가를 받았지만, 고신의대 복음병원으로 들어갈 준비도 되었다. 나는 상은이 집으로 찾아가서 하룻밤을 함께 지냈다. 상은이는 여러 가지 면에서 사람들의 사랑을 받고 있었고, 복음병원 원장으로부터 다시 병원으로 돌아오도록 강한 초대를 받고 있었다. 나는 뉴질랜드로 선교훈련을 받으러 떠날 준비가 거의 다 되었지만 상은이가 다시 복음병원으로 돌아간다면 선교 가는 것을 취소하고 복음병원으로 들어가려고 했다. 그러나 상은이는 돌아가지 않겠다고 했다. 나는 결국 얼마 있다가 한국을 떠나게 되었다. 나는 언젠가 상은이와 함께 병원에서 일하고 싶었는데 그 뜻을 이루지는 못하였다.

언제나 상은이와 함께

그때가 1993년 1월이었다. 우리 가족은 한국을 떠나, 뉴질랜드, 네팔, 한국, 베트남에서 선교사역을 하였다. 비록 상은과 물리적으로 멀리 떨어져 있었지만 가까운 친구는 자주 만나게 되는 것 같다. 자주 연락을 하게 되고, 누가회 수련회나 의료선교대회, 국제기독의사회(ICMDA) 총회 등에서 만났다.

내가 네팔에 있을 때 인도에 단기 선교를 왔던 상은이가 나를 만나러 네팔을 방문했다. 찬양을 좋아하던 상은이는 한인교회 예배에 참석을 하며 나에게 특송을 하자고 해서 함께 특송을 했다. 상은은 테너로 나는 베이스로 오랜만에 함께 중창을 했다. 상은이는 가는 곳마다 사람들을 격려하여 찬양을 했다. 안양샘병원에서 플레시몹 찬양을 했고, 최근에는 샘병원 내과의국 식구들과 함께 "은혜"라는 찬양을 해서 유튜브를 통하여 은혜롭게 들었다.

내가 베트남에서 먼저 일하던 병원을 나와 새로운 일터를 찾고 있었는데, 하노이 킴스크리닉 원장인 김시찬 선생에게서 연락을 받았다. 박상은 선생에게서 나의 소식을 듣고 연락을 했다는 것이다. 상은이 덕분에 하노이 킴스크리닉에서 김시찬 원장과 함께 7년을 행복하게 일할 수가 있었다.

안식년이나 한국을 방문할 때면 상은이를 만났다. 만날 때마다 맛있는 밥도 사주고, 금일봉을 쥐어 주곤 하였다. 나뿐만 아니라 우리 아이들이 학교를 다닐 때 상은이에게 인사를 하러 가면 늘 용돈을 쥐어 주곤 했다.

상은이는 친구이지만 나에게 많은 영적인 통찰력과 선한 동기들을 깨우쳐 주었다. 함께 말씀 묵상을 하고, 함께 성경공부를 하였다. 선교의 중요성을 일깨워 주었고, Bible College에서 공부하는 것에 대해서도 얘기해 주었다.

상은이는 정말 다섯 달란트를 받은 하나님의 충성된 종이라고 생각을 한다. 나는 한 가지 일을 다해야 다음으로 넘어가는 사람인데, 상은이는 동시에 몇 가지 일을 아주 훌륭하게 수행해 나가는 달란트를 받은 것 같았다. 네팔의 선교병원에서 일을 할 때에도 나의 한계를 느낄 때에는 상은이를 자주 떠올리곤 했다. 상은이가 선교사로 나왔다면 굉장히 많은 일들을 잘했을 것 같다.

그렇게 세월이 흘러 2023년 10월 26일 나는 31년의 선교 사역을 마치고 한국으로 돌아왔는데, 상은이는 10월 말에 베트남으로 단기선교를 떠났다가 11월 5일 갑자기 하늘나라로 떠났다. 내가 한국으로 돌아왔지만 얼굴을 보지 못하였다. 함께 나누며 누려야 할 우정이 많이 남아있다고 생각했는데 무척 아쉽게 되었다. 그동안 엄청나게 많은 일들을 해왔고, 앞으로도 얼마든지 할 수 있는 일들이 있는데 왜 하나님께서 일찍 데려가셨는지 감히 물어볼 수는 없다.

아쉬운 마음이 매우 매우 크지만 그동안 상은이와 함께 누렸던 수많은 축복의 시간들을 주신 하나님께 감사하고, 천국에서 안식을 누리고 있을 상은이에게도 감사한다.

상은이 아들 지현이가 최근 미국에서 아들을 낳았다. 상은이에게 친손자가 태어난 것이다. 근데 손자 이름이 "Luke"라고 한다. 아들 지현이가 아버지의 누가로서 훌륭한 삶을 기려 손자의 이름을 지어주었다고 한다.

지현이가 7월에는 영국에서 박사학위를 받는다고 한다. 홀로 남은 이혜경 선생님의 텅 빈 가슴을 하나님께서 기쁨들로 채워주시는 것 같다. 나오미가 오벳(보아스와 룻의 아들, 다윗왕의 할아버지)을 가슴에 안고 기쁨과 행복이 가득했던 것 같이.

_ 누가들의 세계에서 인용 (누가들의 세계 2024년 봄 · 여름호 Vol. 216)

양승봉
부산의대 졸, 외과 전문의, 네팔 · 베트남 의료선교사
현)부산외국어대학 보아스크리닉에서 일하고 있다.

내면에 보석을 간직한 사람

황영희

환란이, 십자가 인생이 무엇인가요? 그것이 꼭 우리 하나님께서 우리에게 벌주는 것도 아니고, 우리를 힘들게만 하는 부정적인 비극도 아닙니다. 그런데, 박 원장님은 미션원장으로서 타국에서 사명 감당 잘하다가 다시 돌아오지 못하고 하늘나라로 가셨습니다. 믿음의 사람들은 고난을 통해서 내 속에 선한 것이 없다는 것을 깨닫는다고 하는데, 박 원장님의 내면에는 더 많은 보석이 있어서 우리 일상을 다듬는 삶을 더욱 깨우치게 합니다. 그렇게 나의 인생을 돌아보게 되었습니다.

박 원장님은 나의 인생길에서 동반 여행을 가장 많이 했던 분입니다. 내 인생 계획에서 '65세 될 즈음에는 선교지 나가겠다'라고 계획했었는데 62~63세 때 아프리카 선교사님과 목사님들이 찾아와 도움을 달라고 하기에 박 원장님과 중국도 가게 되고, 아프리카 등 10여개 나라를 같이 다녀오게 되었습니다. 그외에 여러 나라들, 대만, 중동 푸자이라까지...나와는 열여섯 차이나는 아들 같은, 존경하고 사랑하는 박상은 원장님과의 동행이었습니다. 참으로 '괜찮다. 배울 점이 많은 분이다. 어쩌면 이렇게 다재다능하실까.' 이런 생각을 참 많이 했습니다.

예수님께서는 심판의 기준을 작은 자, 약한 자에 대한 태도에 두신다고 합니다. 작은 자는 곧 가난한 자, 낮은 자, 상처받기 쉬운 연약한 자들, 도움이 필요한 자들, 하나님의 믿음이 필요한 자들이라고 합니다. 마찬가지로 원장님은 인간관계를 믿음으로 해석하고 잘 풀어주셨지요. 용납하고 지혜와 능력이 출중하셨습니다.

22년 전 나의 큰 아들인 이대희(현 이사장)가 박 원장님을 초빙하게 되어서 우리 샘병원에 근무하게 되었습니다. 연결된 사연은 당시 CMF(누가회, Christian Medical Fellowship) 회장이 박상은이었는데 그 당시 아들이 다니던 서울대학 의과대학에서는 CMF 단체가 없었습니다. 그래서 아들이 CMF에 대한 좋은 소문을 듣고 수련회를 가고 싶어 한밤중에 그가 있던 전라도 전주예수병원까지 가서 만나고 이후 박 원장님과 동고동락하며 CMF 식구가 되었던 것입니다.

아들은 박 원장님을 가장 존경하고 좋은 인간관계로 모든 분야에서 다양한 관계를 맺었습니다. 그리하여 대한민국 기독교 단체를 활성화하고 단단한 끈으로 묶는 사회 인간관계가 성립되었고, 그동안 박 원장님은 샘병원 원장, 의료원장, 미션원장직을 너무나 잘 감당하셔서 더 나은 직책이 없었던 것 같습니다. 하나님께서는 천국에서 더욱 훌륭하게 지도자로 쓰시고자, 우리는 애석하나 창세기 당시의 에녹처럼 일찍 불러 가신 것 같습니다. '그는 하나님이 옮기시기 전에 하나님을 기쁘시게 하는 자라 하는 증거'(히브리서 11장 5절)를 받았나 봅니다. 그 선한 영향력으로 박 원장님은 여러 차례 대한기독병원협회 회장을 했는데, 지금은 그 바톤을 이어받아 이번에 이대희 이사장이 하고 있습니다.

예전에 있던 긴박했던 일도 기억납니다. 아프가니스탄 피랍사건, 이집트 테러사건 등등 아프리카미래재단 상임대표로 제가 설립이사장으로 이 모든 사건들을 얼마나 잘 위로하고 수습했던가요. (사)한국순례길 이사장으로 생명윤리심의위원회 위원장(대통령직속) 등등 역할을 다하시며, 남녀노소 믿음의 의료인들이 선교 대열에 동참하게 하셨습니다.

박 원장님은 샘병원이 기독교병원으로서 역할을 할 수 있도록, 전세계 두 번째로 선교사를 파송하는 나라답게, 선교사 글로벌 네트워크를 형성하는데 기여하였습니다. 이 모든 것을 어떻게 20년 동안 할 수 있었던 건 온전한 하나님의 은혜고 이것은 은혜의 가문의 소산인 것 같습니다. 아버지 박용묵 목사님은 우리나라 부흥사협회의 초대 회장이요. 박 원장의 마지막 남긴 선교지에서의 주일예배 영상에도 '은혜'라는 찬양을 열과 성을 다해 부르셨던 것을 잊을 수 없습니다.

참된 믿음의 길을 가고자 가장 위험한 길을 따르고 있었는데, 혹시 실족한 게 뭘까? '미션원장'이라는 자리가 아니었다면 그 나라를 안 갔을 것인가? 하지만 하나님이 원하시는 것. 곧 하나님이 목적하시는 것을 우리는 따를 뿐입니다. 미션, 비전을 실천하신 삶. 사모하는 우리도 그 믿음의 길을 걷는 우리가 되기를 소망합니다. 그는 하늘나라에서 별과 같이 빛날 것입니다.

황영희
효산의료재단 명예이사장
아프리카미래재단 명예이사장

영원한 Following Duo

이대희

박상은 원장님을 가까이서 처음 뵌 것이 1989년 본과 2학년 여름이었다. 누가회 제1차 해외의료선교탐방에 참여하면서였다. 선교팀이 두 팀으로 나뉘어 움직인 전반 동안은 못 뵈었고, 한 팀으로 합류한 후반부터 뵈었는데, 싱가포르와 인도네시아를 계속 함께하였다.

특히 박 원장님이 인도네시아 바탐섬에서 단백열량부족증(Kwashiorkor)으로 보이는 영양실조로 죽어가는 아이들을 뒤로하고 떠나올 때, 다음에 올 때는 그 아이들이 살아있지 못할까 봐 걱정하시던 모습이 기억난다. 또, 그들 사이에서 힘겹게 사역하시는 한국인 선교사님 부부를 보면서 척박한 선교지에서 우울증을 앓게 되신 사모님을 모시고 버티면서 사역하시던 남편 선교사님을 바라보시며, 당신의 나름 세련된 신앙과 달리 원석으로 드려진 래디칼한 선교사님의 삶을 하나님이 더 기뻐하신다며, 그러한 삶을 열망하셨던 모습을 기억한다.

2000년 가을, 샘병원(당시 안양병원,안양한방병원)에 리더로 참여하시도록, 자택으로 찾아 뵙고 부탁을 드렸던 날을 기억한다. 선교(기지)병원을 추구하는 기독교병원으로 세워지도록 이끌어달라고 부탁드렸던 그 날. 대화를 마치고 돌아가는 길에, 신기하게 마음이 따뜻해지고 평안해지는 심령이 되면서, '그를 보내줄 것이다'라는 확신의 음성을 듣게 되었다.

그렇게 2001년 3월에 안양병원 부원장으로 부임하시면서, 나는 예상치 못한 짧은 5개월의 동역 후에 2년의 시간 동안 안양병원을 떠나게 된다. 앞선 3년의 근무 기간 동안, 나는 많은 만남과 일들(의약분업 파업 등)과 갈등을 겪으면서, 나의 연약하고 턱없이 부족한 신앙과 인격이, 의미 있는 변화를 동반한 성숙의 과정을 밟지 않는다면, 선교(기지)병원 아니 기독병원으로 나아가는 것이 불가능하다는 깨달음을 이미 조금씩 갖게 되었다.

그러다가 5개월 정도의 동역 기간 동안에는, 박 원장님의 지혜와 신앙을 가까이서 보면서, 박 원장님께 지혜와 신앙을 의지하는 관계가 아니고, 내가 스스로 하나님 앞에 서며, 박 원장님과 기쁘게 협력할 수 있는 파트너가 되는 신앙의 진보가 있지 않다면, 병원 설립자이신 부모님 두 분과, 다양한 기대를 가지고 함께하게 되는 여러 신앙인 구성원들과, 기존의 비신앙인 구성원들 사이에서, 내가 디딤돌이 되기보단 오히려 걸림돌이 될 것이라는 자각을 갖게 되었다.

그렇게 2001년 가을부터 2년간 신앙에 몰입하는 계기가 되었다. 미국에서 CFNI_ Christ For the Nations Institute라는 신앙훈련학교에서 참으로 행복한 2년을 보내게 되었다.

2003년 여름, 2년의 미국 생활에서 돌아와 원장님과 함께 뜨겁게 해후하여 다시 동역하게 되었다. '기본적인 탁월한 전문성의 토대' 위에 '성경적 의료, 총체적 전인의학'을 샘공동체 현장에서 구현해보고, 이를 다른 이들에게 기꺼이 나누고자 하는 거룩한 욕심을 함께 품게 하셨다. 먼저, 당신 스스로가 좋은 의료의 기본요소인 탁월한 전문성 추구의 역할모델이 되셔서, 신장내과 분야에 큰 변화를 이끌어내셨고, 내과 분과들의 전문성이 잘 구축되도록 서일우 형제님을 포함한 여러 리더들이 참여하게 이끄셨고, 또 많은 후배들의 마음을 열어 내과 전문의 수련병원으로 발전하도록 이끄셨다. 동시에, 차승균 원장님(정형외과)과 여러 전문분야에 탁월한 전문성을 가진 신앙인들을 중심으로 재구성되도록 이끄셨다.

그러면서 2004년에 앞선 '거룩한 욕심에 가슴 벅찬 가치를' 병원의 이름으로써 표현하자고 제안하셔서 온 병원이 지역사회와 함께 공모하는 과정을 통해 '샘병원'(SAM: Spring of Agape Medicare)으로 거듭나게 되었다. 이어서 생명사랑의 큰 이슈인 낙태문제를 다루시면서, 강영수 원장님, 최현일 원장님, 장전호 원장님 등을 샘공동체로 연결하시고, 샘여성병원을 세워 분립하게 하셨다.

또 사망의 음침한 골짜기를 지나는 암환우들을 품게 되면서, 몸과 함께 이에 연결된 마음과 영성을 함께 돌아보고자, 전문의료인을 중심으로 하되, 다양한 치유사역자들간의 동역을 추구하는 전인통합암치료 모델을 추구하게 하셨다. 이 과정에서 앞서 길을 열어가시던 손영규 박사님, 김태식 박사님, 이박행 목사님 등을 포함한 전문사역자들을 연결하셨고, 지금까지 샘병원의 정체성의 중심을 잡아가도록 이끄셨다.

무엇보다도, 지금까지 샘병원의 여러 분야에서 중추적인 역할을 하는 여러 의료인들과 및 비의료인 직원들에게 큰바위 얼굴 같은 역할모델이 되어 주셨다.

2006년, 2012년, 2018년 등으로 계속 이어진 샘병원의 내부적인 굴곡들마다, 자기 주장을 굽힘없이 주장하여 다투지는 않으나 자기 주장을 쉬이 내려놓고 타협하지도 않는, 제3의 새로운 대안을 찾는 지혜로운 중재자가 되셔서, 상처들이 아물어 새로워지고 또 아물고 새로워지는 가운데 성장하는 성숙의 대나무 마디들이 되도록, 다니엘의 길을 쫒아 샘병원 공동체를 23년간 이끌어 주심으로, 지금의 샘공동체가 있도록 이끌어 오신 지혜와 인내의 핵심 역할을 하셨다. 특히 이러한 갈등 충만한 성숙성장의 과정들을 앞장서서 풀어 오신 수고의 땀 흘림 뒤에는, 사람들의 마음을 움직여달라고, 길을 열어달라고, 눈물로 새벽재단을 사시사철 쌓으신 원장님의 노고가 있었음을 분명히 기억한다.

이런 내부 진통의 와중에도, 2006년부터는 오고 가는 길이 너무 험난하여 꿈을 꾸지 못했던, 아프리카에 대한 하나님의 마음을 분명하게 박 원장님과 내게 동시에 보여주셔서, 남아프리카와 스와질랜드(현 에스와티니)를 중심으로 교류하게 하셨다.

2007년에는 아프리카미래재단을 설립하는 것에 이상택, 황영희 샘병원 설립자 부부와 박 원장님을 중심으로 샘병원이 참여케 하시고, 궁극적으로 박 원장님이 상임대표로서 주역을 감당하시면서, 아름다운 사역을 계속 열어가게 하셨다.

또, 2015년 1월부터는 지샘병원(2013년 설립)의 적자의 틈바구니 속에서도 샘병원의 전신인 안양의원의 개원년도인 1967년 같은 해에, 같은 특성의 여성클리닉으로 시작하여서 여성병원으로 세워졌다가, 2014년 경부터 사역이 중단된 중동의 어느 선교병원 사역이 다시 재개되는 사명에, 샘공동체가 순종하도록, 샘공동체 안팎의 많은 이들을 격려하셨다. 결국 지금 현지에서 이 사역을 감당하시는 리더 사역자들을 연결하여 내시기까지, 샘병원 초대 미션원장님의 사명을 올곧게 감당하셨다.

이렇게 수많은 영역에서 개척자의 삶을 살아오셨지만, 옆에서 지켜본 동시적 3가지 새싹 사역들을 보면서, 박 원장님의 복음과 하나님 나라에의 뜨거운 열정을 기억한다.

대한민국을 향하여 부어오신 하나님의 은혜의 역사 현장들을 살펴보고, 이를 온 국민에게 알리고자 하셨던 기독교 역사 살림 소명의 (사)한국순례길 초대이사장 사역, 성경적 의료의 missing link인 생활습관의학의 중요성을 간파하고, 이를 샘병원과 국내에 보급하고자 시작하신 대한생활습관의학회의 초대회장 사역, 기독교생명윤리 전문가로서는 처음 국가생명윤리위원장(4기)의 직임을 감당하신 후에, '이제는 기독교 생명윤리 전문가 제자들을 키워 내리라'하신 뜨거운 열정으로, 합동신학대학원대학교와 함께 기독교생명윤리 석사과정을 설립하시고, 최선을 다하여 섬기신 초대 석좌교수로서의 사역들이 그것이다.

이제 그 분을 보내드리며, 요한복음 12장 24절과 25절을 묵상한다. 먼저 25절 후반의 '자기 생명을 미워하는 자는 영생하도록 보전하리라'는 말씀대로, 박 원장님께서 이 땅에 남겨진 우리와는 다른 특성으로 지금 살아계심을 믿는다.

삼위일체 하나님과 깊은 사귐 중에 계시며, 부모님과 여러 성도들과 해후하시며, 이 땅에 남겨진 사모님과 자녀들, 손자녀들과 6형제 자매님과 친지들, 또 우리 동역자들을, 우리의 연약함으로 인한 안타까움을 넉넉히 삼키는 하늘의 기쁨으로 바라보며 기도하시는 중일 것이다.

또 24절 후반의 '한 알의 밀이 땅에 떨어져 죽으면 많은 열매를 맺는다'는 말씀을 가슴 저미게 받는다. 다 이해하기 어려우나, '하나님께선 꽃을 피우며 자연스레 열매 맺게도 하시지만, 때론 꽃을 꺾음으로 더 크게 열매 맺는 경우들도 있더이다' 말씀하신 김상수 원로 목사선교사님의 말씀을 품어 본다.

33세에 부름 받았던 바보의사 안수현 형제처럼, 우리가 절실하게 모시고 함께 하고자 했던 꽃중년의 65세, 그 아름다우신 꽃의 모습으로 부름 받으신! 박 원장님!

사랑합니다.

샘공동체가 부지런히 당신의 걸음을 좇겠습니다.

다시 뵈어요!

이대희
효산의료재단 이사장. 서울의대 졸, 내과 전문의, 종양내과 전공,
경희대 의료경영학 석사, 백석대 선교학 박사과정 수료

처음 뵙겠습니다

최현일

박상은 원장님과의 첫 만남은 캐나다 밴쿠버 국제공항이었다. 2003년으로 기억한다. 당시에 나는 의과대학 교수생활을 접고, 밴쿠버의 트리니티 웨스턴대학 신학대학원에서 기독교세계관을 공부하고 있었다. 그때 박 원장님도 잠시 그곳에서 안식년을 겸해서 공부하시게 되었다.

"안녕하세요 처음 뵙겠습니다. 저는 최현일이라고 합니다."

"아이고, 반갑습니다. 박상은입니다."

그렇게 시작된 박 원장님과의 첫 만남은 효산의료재단 샘병원에서 함께 근무하면서 20년을 이어가게 된다.

선배 의사 박상은

샘병원에서 근무하면서 박 원장님은 항상 선배로서의 리더십을 보여주셨다. 그의 리더십은 그야말로 '섬기는 리더십'의 교과서라고 해도 지나친 말이 아니다. 내가 샘여성병원장이었을 때 샘병원 의료원장으로서 직속상관이기도 했고, 대한기독병원협회 회장을 하셨을 때, 나는 총무이사로서 함께 일하기도 하였다. 그 모든 과정을 통해서 나는 가장 가까이서 그가 일하는 모습을 지켜볼 수 있었고, 그럴 때마다 자신을 낮추고, 모든 일의 해결책을 오직 섬기는 원칙에서 출발하는 그의 일관된 모습에서 감동을 받았다. 그러나 나는 가끔 이런 걱정을 했었다. '저렇게 살면 원장님 당신은 힘들지 않을까?'라는.

하나님의 자녀 박상은

그런 생각이 들면 나는 박 원장님께 "힘드시지 않으세요?"라고 물었다. 그러면 원장님은 "아~ 뭐….."하시면서 그저 웃곤 하셨다. 내가 보기에 박 원장님은 하나님을 만나는 '영혼의 정원' 같은 곳이 있나 싶었다. 사람들은 박 원장님께 많은 부탁을 하였고 해결해 주셨지만, 그 후에 감사를 표하는 이들은 적어 보였다. 많은 시간과 에너지를 남을 위해 소진하였지만, 그걸 기억하는 사람들이 많지 않아 보였다. 오히려 나는 곁에서 분노하고 있을 때, 원장님은 하나님과 그 '영혼의 정원'에서 모든 것을 이야기하고, 위로받고 계셨던 것 같다. 하나님은 진정한 그의 아버지였고, 그는 진정한 하나님의 아들이었다.

다시 한 번 그의 목소리를 듣고 싶다. 단순하게 많은 통화를 박 원장님과 했었기 때문이 아니다. 전화기 너머 들려오던 그의 따뜻한 목소리를 듣고 싶은 것이다. 지금은 그 목소리를 직접 듣지는 못하지만, 그의 삶의 발자취가 말하는 메시지를 한 번 더 듣고 싶다.

최현일
효산의료재단 샘병원 의학원장
전)연세 원주의대 교수, 연세대학교 겸임교수

못 다한 질문과 통로의 역할

김윤환

박상은 원장과의 첫 만남은 재학생, 수련의 시절, 교수재직 시절도 한참 지나서인 것 같다. 전공의 3년차 마지막 가을 학회에서 발표 관계로 박재형 교수님 [현 에스와티니 의료 선교사]의 질문에 제대로 답변을 못한 쑥스러움으로 교수님을 깊이 인식하게 되었다. 물론 함께 인터벤션 연구회, 국내,국제학회 개최 및 참가, 대한영상의학 의료봉사회 활동 등 90년대부터 배우며 함께 섬겨왔다. 그러나 박 교수님의 세 번째 동생인 박상은 원장을 처음 알게 된 것은 2010년 박 교수님의 요청으로 의료선교협회에 처음 발을 디디게 되면서도 몇년 후의 일이었던 같다.

그러다 우연히 2015년 2월에 아프리카에 처음 선교 관련하여 에티오피아를 처음 방문할 때 아프카미래재단 대표로 일하고 있던 박 원장과 함께 아디스아바바 명성기독병원을 처음으로 방문할 때 동행하게 되었다. 그동안 북한 사역을 비롯한 국내외에서의 기독의사로서 의료선교협회, 한국기독의사회, 영파선교회, 안양샘병원, 샘물교회, 로제타홀기념사업회, 한국순례길, 국가생명윤리위원회 등에서 생명운동과 복음전도 사역에 헌신해 오고 있음을 인지하게 되었다. 기독의사로의 신실함,

성실함, 열정, 해박한 지식과 경험, 다양한 영역의 사람들과 소통함은 그 누구와도 비교가 되지 않을 것이다.

같이 쫓아만 다니기도 힘들 정도로 많은 선교 일정을 만들고 행사를 준비함에 있어서 한편으로는 부럽기도 하였으나 힘이 미치지 못해 따라가기가 매우 어려웠다. 대학 3년 후배로 내가 잘 모르거나 소통이 안 되어도 여러 방법으로 접근해서 나의 변화를 이끌어 가기도 하였다.

그동안 그와 10년 가까이 의료선교협회, 한국기독의사회, 로제타홀기념사업회, 골든밀알기도모임, ICMDA 유치, 한국순례길 재단 준비 및 2023 ICMDA 세계대회 참가 등을 통해서 함께 한 사역들이 너무나 많았던 것 같다.

매주 토요일 아침 밀알기도모임에서도 아프리카미래재단 사역을 통한 관련된 제안들을 중심으로 여러 행사들을 든든한 후배가 적극적으로 함께 해주어서 언제나 감사한 마음이 있었다. 때로 서로의 목적에 맞지 않은 일로 문제가 발생하여 나중에 조목조목 따질 때에도 공손히 현실을 인정하고 불편한 내색을 전혀하지 않는 온전히 온순함을 유지하며 흥분하지 않는 스타일이었다.

박상은 원장과의 개인적인 인연도 두 가지가 있었다. 하나는 2019년 ICMDA EA 개최 건, 관련하여 박상은 한국기독의사회장으로 2018년 봄에 수석부회장이신 김성림 원장과 다른 임원들이 회의를 진행했었고, 환자 진료로 늦게 회의에 참석하게 된 나는 회의장에 막 들어서자마자 또렷하게 들리는 소리가 있었다.

"2019년 ICMDA EA 대회는 대구, 경주가 중심이 되어 준비하시면 됩니다. 그리고 수석부회장이 되시는 김윤환 교수가 잘 챙겨서 준비할 것이니 걱정 마시고 회장을 맡아 이어가시고, 8월 일본 대회에도 같이 다녀옵시다."라는 회의내용이 정리되고 있었다.

'이전에 나한테 여기에 관해 일체 나눈 적이 없었는데 어떻게 이렇게 일방적으로 선언을 하시는가? 내가 속으로 뭘 얘기를 꺼내어서 반전을 시켜야 하는가?' 하는 순간 다음 의제로 넘어가 버렸다. 그 이후로 곰곰이 이 상황을 곱씹으며 '이게 하나님께 순종하며 살아가야 하는 것인가?' 생각하면서도 '한 번 언젠가는 기회가 되면 물어는 보아야지' 하면서 지내왔는데 이제 이 세상에서는 어렵게 되었다.

그 순간에 내가 만약에 그런 적이 없었다고 하고 분위기를 반전시켰다면 어떻게 되었을까? 궁금하기도 하다. 실제로 2019년 동아시아 대회 준비를 2018년 11월부터 서울로 옮겨서 준비를 시작하게 되어 무난히 대회를 진행하였던 기억이 새롭다. 결과적으로 그 당시 질문을 못한 것이 현재의 상황이 되었지만, 앞으로 하늘에서 만나는 그때 질문을 해도 늦지는 않을 것 같다.

또 다른 중요한 멘트를 할 것은 2022년 12월 아프리카 중아선 대회 관계로 이화의대 동창회에서 주관하는 "스크랜튼을 기리며" 음악회 참석이 어렵다고 통보를 하였다. 그리고 그 이후에 이 음악회를 까맣게 잊어버리고 있었다. 그런데 아프리카 남아공에서 에스와티니로 이동하고 사역을 마치고 다시 남아공으로 나올 때 쯤 갑자기 음악회 참가자 카톡창에 이 음악회 소식을 전하며 참석을 알리는 메시지가 떠서 보니 박상은 원장이 올리신 내용이었다.

가만히 보니 잠비아 에티오피아를 거쳐 내가 제일 늦게 도착하는 일정에도 그 다음날이 주일 저녁이라 이대동창회가 준비한 "스크랜튼 교향곡 음악회" 참가가 가능함을 알게 되면서 급히 참석 표를 구하게 되었다. 교향곡을 발표하는 잠실 롯데콘서트홀에 들어서자마자 그 넓은

홀에 많은 인파를 보는 순간 '아! 로제타홀 교향곡을 만들어야겠구나!' 하는 마음이 솟구쳤다. 왜냐하면 그동안 로제타홀기념사업회가 2018년부터 준비하여 재단을 세우고 매년 봄, 가을 여러 행사를 해왔지만 고려의대 재학생, 의료원 교직원, 의대교우회 회원들에게 널리 알리는 행사가 쉽지 않았던 것이다.

그해 12월 아프리카 중아선 대회와 비전트립을 하면서 참가하신 각계각층 많은 분들과 이런 고충을 나누었는데 회원들에게 직, 간접으로 알리는 방도가 쉽게 정해지질 않았었다. 그런데 롯데콘서트홀에 들어서면서 내 마음에 확 다가온 것이 '아! 바로 이것이구나!'였다. 이걸 준비하신 분을 조속히 만나서 도움 요청을 해보겠다고 다짐하였다. 그런데 그날 음악회가 종료되고 바로 내가 생각하던 이대동창회 회장님을 바로 만나게 된 사실이다. "로제타홀 교향곡"을 만들고, 공연이 되도록 도움 요청을 바로 드렸고, 쾌히 그 자리에서 승낙을 받았는데 올해 그 꿈이 곧 이루어져 음악회 개최를 코 앞에 두고 있다. 비록 박 원장님과의 작은 일이지만 그 순간 카톡에서의 음악회 참가를 알리는 평소의 헌신이 나에게는 큰 통로의 역할을 해주었다고 생각한다.

김윤환
고려의대 명예교수
전주예수병원 영상의학과

당신은 특별한 사람

김홍식, 성정미

같은 의과대학의 동급생이었던 아내(성정미)와 나는 1년 선배인 박상은 선배를 서로 다른 연유로 알고 지냈다. 같은 기독학생회 회원이었던 아내는 박 선배를 더 가까이 대하고 지냈다. 여름 농촌 봉사를 준비하면서부터, 실제로 농촌에서의 봉사를 하는 모든 과정에서 늘 열심히 했던 박 선배를 아내는 신실한 믿음의 형제로 기억하고 있다. 성탄절이나 부활절 때는 중창단을 꾸려 병원의 병실에서 찬양으로 환자를 위로해 주었고, 절기가 아닌 때도 바쁜 점심시간을 쪼개어 병실에서 찬양을 했던 기억은 새롭다. 자기 코가 석 자인 의과대학생이 어쩌면 그런 생각을 했었는지 지금 생각해도 기특하기만 하다.

필자는 학교 내 기독학생회 소속이 아니었고 학교 밖, 대학생 선교회에서 활동을 했기 때문에 학창시절 박 선배와 직접 보낸 시간은 적었지만, 연합적인 기독 학생 행사에서는 늘 만나고 인사를 하며 지냈다. 우물 안의 개구리와 같은 신앙생활을 했던 나에게 그는 넓은 시야의 기독교 연합운동에 대해 눈을 뜨게 해 주셨다. 우리는 같은 하나님의 자녀이고, 보편적 교회와 바른 신앙을 지켜야 할 사명이 있고, 믿는 자들이 연합할 때 놀라운 힘이 같이 발휘된다는 지극히 당연한 이야기지만 지역교회에서만 자라서 좁은 시야만을 가졌던 나에게는 귀한 도전이었다. 그렇게 바쁜 학창시절을 보내고 우리 부부는 미국으로 바로 떠나왔고, 박 선배는 한국에서 수련과 신앙생활을 계속해 나갔다.

우리 부부는 이국 땅에서 살아남기 위해 치열한 수련과 생존을 위해 달렸다. 그리고 인간적으로 어느 정도 과정을 마치고 올라서니 허탈감에 빠졌다. '이것을 이루려고 그렇게 열심히 달려왔던가?' 그즈음에 "하나님 우리가 미국에서 자리 잡을 수 있게 도와주시면 하나님이 기뻐하시는 일을 하며 살겠습니다."라고 하나님과 했던 약속이 떠올랐다. 그 기뻐하시는 일이 선교요 열방을 향해 달려가는 것임을 깨달았다. '그 일을 위해 우리 부부를 본국에서 뿌리째 옮기셨구나'라고 생각하게 된 것이다.

그런 생각을 정리하고 미국에서 개최되었던 한미의료선교대회를 갔더니 거기에 박 선배가 강사로 와 있는 것이 아닌가? '아니, 주님께서는 우리를 각각 다른 곳에서 기르고 계셨구나.' 우리는 서로 얼싸안고 그동안의 살아온 이야기와 비전을 나누었다.

내 아내는 내가 그동안 열심히 단기선교를 중남미로, 인도네시아, 중국 등 여러 나라에 단기 선교를 많이 나갔어도 힘들다고 동행을 안 하더니, 선교대회에서 박 선배를 만나 그 열정에 감동받은 후부터 태도가 달라졌다.

아내는 나보다 먼저 에티오피아에 비전 선교여행을 다녀왔다. 명성병원과 의과대학을 방문하고 하나님이 자신에게 딱(?) 주신 선교지라며 에티오피아를 가자고 하여 함께 몇 번을 다녀왔다. 명성의과대학에서 집중 강의와 병원에서 환자를 협진하는 일은 보람되었다.

나는 이 일을 계기로 아프리카에 관심을 가지게 되었는데, 박상은 선배가 아프리카미래재단 미국 본부를 꼭 세워야 하고 이사장이 필요하니 나에게 이사장을 맡아 달라는 것이었다. 물론 나는 극구 사양하였지만, 박 선배의 부드러우면서도 포기하지 않고 계속 부탁하고 일을 맡기는 천재적인 능력에 그만 설득당하여 '더 훌륭한 이사장이 나올 때까지만 맡겠다'고 한 것이 벌써 5년이 되었다.

아프리카미래재단 미국본부는 캘리포니아 LA에서 시작하여, 그동안 산호세, 아틀란타, 워싱톤 D.C., 뉴욕, 뉴저지 지부까지 조금씩 확장하게 되었으니, 시작은 매우 미약하였으나 하나님께서 기쁘신 뜻을 직접 이루어 가심을 확신하게 되었다.

그러한 과정에는 박 선배의 열정과 사람들과 연합하는 겸손과 리더십이 밑거름이 되었다. 많은 이들이 한결같이 박상은 선배가 직접 삶으로 보여주신 신앙인의 겸손과 대하는 모든 사람의 이야기를 잘 들어주고, 부드러우면서도 상대방이 박선배의 인생에 특별한 사람이라는 인상을 준다는 점을 이야기한다. 그리고 당신이 아니면 이 일의 적임자는 없다는 호소력에 다들 감동을 받았다.

땅에 떨어진 한 알의 위대한 밀알, 그로 인하여 오늘날의 미주 아프리카미래재단이 서게 되었다.

김홍식
아프리카미래재단 USA 이사장

성정미
아프리카미래재단 USA 이사

그의 업적과 삶을 기술해 보면

최재욱

저는 박상은 원장님을 처음 뵈었을 때 안양샘병원 원장님으로 인사드렸던 것으로 기억합니다. 이후 아프리카미래재단 대표, 의료선교사, 생명윤리학자 그리고 자랑스러운 고려의대 선배님의 놀라운 모습으로 저는 선배님을 만났습니다. 그는 제게는 자랑스럽고 존경하고 가르침을 주시는 분이셨습니다. 이 글에서는 선배님으로 말씀드리고자 합니다.

박상은 선배님은 1958년 태어나신 후, 한국 의학계와 의료 선교에 지대한 영향을 미치신 분이셨습니다. 고려대학교 의과대학을 졸업하고, 고신대학교 의과대학에서 신장내과 교수로 재직했으며, 미국 세인트루이스 의과대학 생명윤리센터 교환연구원과 미주리 주립대 신장내과 교환교수로도 활동하셨습니다. 그 후, 2001년 안양샘병원에 부임하여 병원의 성장을 이끌며 의료원장, 병원장, 대표원장 등 다양한 직책을 맡아 병원을 발전시켰습니다. 의사, 교수, 병원장 및 국가생명윤리위원회 위원장뿐만 아니라 선배님의 다양한 사회적 역할과 업적은 매우 놀라운 일들입니다. 그러나 저는 그 무엇보다도 의과대학 재학 시부터 마지막 운명을 다하실 때까지 선배님의 그 모든 삶의 여정이 의료사역자로서 선교 정신을 고양하는 데 크게 기여하신 것이라고 생각합니다.

의료 선교와 사회적 약자를 위한 헌신

박상은 선배님은 소외된 이웃들을 위한 헌신적인 의료 활동으로 많은 사람들에게 감동을 주셨습니다. 외국인 노동자와 같은 사회적 약자를 위해 무료 진료를 제공하며, 건강 취약 계층에게 큰 도움을 주셨습니다. 그는 장기려 박사님의 영향을 받아 그분의 뜻을 이어받아 살기로 결심하셨고, 성산생명윤리연구소, 한국누가회, 아프리카미래재단 등 다양한 사역에 참여하셨습니다. 그의 사역은 단순한 의료 서비스를 넘어서, 이들이 인간으로서의 존엄성을 지키며 살아갈 수 있도록 돕는 데 초점을 맞추고 있었습니다.

아프리카에서의 의료 선교와 국제협력

선배님의 헌신적인 봉사와 선교는 아프리카에서도 빛났습니다. 선배님은 2001년에 샘글로벌봉사단을 창립하여 매년 약 1,000명 이상의 소외계층에게 무료 진료를 제공하였고, 2007년에는 아프리카미래재단을 설립하여 말라위, 에티오피아, 잠비아, 탄자니아 등 아프리카 26개국에서 에이즈 예방 및 영양 개선 프로젝트 등 다양한 의료 봉사 활동을 펼쳤습니다. 그는 극심한 빈곤 속에 살아가는 사람들을 돕기 위해 자신의 삶을 헌신하였고, 그 노력은 전 세계 많은 사람들에게 영감을 주었습니다.

박상은 선배님은 아프리카에서의 의료 사역을 통해 의료 선교와 국가의 공적개발원조(ODA) 프로젝트를 유기적으로 연결하는 데 많은 노력을 기울였습니다. 선배님은 지속 가능한 개발을 강조하며, 단기적 의료 지원을 넘어서 저소득국가와 지역의 장기적이며 구조적인 변화를 추구했습니다. 이를 위해 국내 KOICA, KOFIH 등 국가원조기구 뿐만 아니라 국제기구와의 협력을 통해 현지 의료 시스템을 강화하고, 자립 가능한 지역 사회를 구축하는 데 중점을 두었습니다.

의료 선교와 ODA의 연계, 지속 가능성 확장

박상은 선배님은 평소 그의 강연에서도 의료 선교와 공적개발원조(ODA) 프로젝트의 연계를 강조하며, 그 중요성을 역설하셨습니다. 선배님은 의료 선교가 단순히 일회성 봉사에 그치지 않고, 현지의 자립 능력을 강화할 수 있는 지속 가능한 방식으로 이루어져야 한다고 강조했습니다. 이와 더불어 지속 가능성의 확장이라는 개념을 통해, 현지 의료 인프라의 발전과 의학교육, 역량 강화 프로그램을 통해 더 많은 사람들이 혜택을 받을 수 있는 구조를 만들고자 했습니다.

선배님의 이러한 노력은 단순한 의료 지원을 넘어서, 아프리카의 빈곤 지역에 실질적인 변화를 가져오는 데 기여했습니다. 구체적으로 의료 사역과 ODA 프로젝트를 긴밀히 연결하여, 아프리카 저소득국가의 빈곤 지역에서의 건강 문제를 장기적으로 해결하고, 현지 주민들이 지속 가능한 방식으로 삶의 질을 개선할 수 있는 환경을 조성하기 위한 노력을 하셨습니다. 이러한 진지하고 근본적인 의료 사업들은 선배님이 강조한 지속 가능한 개발과 맞물려 장기적인 발전을 가능하게 하는 방향으로 이루어졌습니다.

교육과 생명윤리, 기독교 정신의 실천

박상은 선배님의 업적은 의료 선교사로서의 삶과 깊이 연결되어 있지 않은 것이 없습니다. 선배님은 단순히 질병을 치료하는 것 이상으로, 사회적 약자들에게 희망을 주고, 그들이 인간으로서의 존엄성을 지킬 수 있도록 도왔습니다. 그의 의료 선교는 단지 건강을 회복시키는 것을 넘어서, 그들 스스로가 삶의 주체로서 자립할 수 있도록 돕는 것에 초점을 맞췄습니다.

이러한 철학은 선배님이 재직했던 성산생명윤리연구소와 한국기독교의료선교협회에서의 활동과 항상 함께 했습니다. 그는 생명윤리의 중요성을 강조하며, 의료가 인간의 존엄성과 밀접하게 연결되어야 함을 항상 강조하셨습니다. 선배님의 이러한 모습 덕분에 기독교적인 사랑과 나눔의 정신을 실천하며, 많은 의료인들과 후배들이 선교적 사명감을 갖게 된 것입니다.

보건의 날 국민훈장 석류장 수훈

그동안의 선배님의 헌신적인 의료 활동과 선교에 대한 공로로, 2024년 제52회 보건의 날 기념식에서 정부는 국민훈장 석류장을 수여하여 국가 차원에서 그 업적을 인정하였습니다. 이는 선배님이 일생을 바쳐 이룬 의료 사역과 사회적 약자를 위한 봉사가 한국 사회와 국제 사회에 큰 영향을 미쳤음을 보여주는 것입니다.

베트남 다낭에서 의료 선교를 하던 중 발생한 갑작스럽고 그리고 안타까운 선배님의 비보를 저는 잊을 수가 없습니다. 선배님은 향년 65세로, 마지막까지 소외된 이들을 위한 헌신적인 사역을 펼치다 생을 마감하셨습니다. 갑작스러운 별세 소식은 저뿐만 아니라 많은 이들에게 깊은 슬픔을 안겼으나, 선배님의 정신과 유산은 여전히 저에게도 그리고 많은 이들에게 귀감이 되었습니다.

박상은 선배님의 유산

선배님의 헌신적인 의료 선교와 소외된 이웃들을 위한 봉사는 오늘날 우리가 본받아야 할 중요한 가치입니다. 선배님은 자신의 일생을 통해 인간의 존엄성과 사랑을 실천하였으며, 아프리카에서의 의료 사역은 단순한 의료적 도움을 넘어선 지속 가능한 발전의 모델을 제시했습니다. 선배님의 업적은 사후에도 여전히 살아 있으며, 선배님의 삶을 기억하고 기리는 것은 우리가 선배님이 추구한 가치를 이어받아 실천하는 것이라고 믿습니다.

박상은 선배님의 삶과 헌신에 깊은 감사를 드리며, 선배님이 남긴 유산은 결코 잊혀지지 않을 것입니다. 당신의 따뜻한 마음과 끝없는 봉사 정신을 기리며 영원히 함께 하겠습니다.

최재욱
고려대학교 의과대학 예방의학교실 교수
고려대 국제개발협력연구원 원장, 전)글로벌보건안보대사, 전)국제보건의료학회 회장

믿음의 가문

박혜경

처음 선생님의 뜻밖의 부고 소식을 듣고 황망했던 시간을 지나 그분이 이 세상에 남기고 간 흔적들을 생각하며 나의 인생에 미친 영향을 생각해 봅니다.

아무것도 모르던 새내기 시절 선생님의 후원으로 우리 학교 학생들이 처음 수련회에 참석하면서 작은 누가가 되었고 뭔가 선한 영향력을 끼치는 삶을 살아야 할 것 같은 마음에 졸업 후 울산으로 와서는 처음 울산 누가회 모임을 하게 되었습니다.

저는 의사이고 남편은 한의사인데 집에 치과의사인 강민정 선생님이 놀러오면 그야말로 의·치·한이 다 모인 울산 누가회 모임이 되었던 게 벌써 30여 년 전이었던 것 같습니다.

그 뒤 같은 누가회 멤버인 김종우 선생님과 함께 십 년여를 복지관에서 의료봉사를 함께 하면서 울산 누가회의 기초를 다지게 되었던 것 같습니다. 말하자면 제가 누가라는 생각을 가질 수 있도록 수련회를 멋모르던 시절에 보내셨던 거지요.

그리고 평생 제가 누가회를 떠나지 못하는 삶을 살게 되었고 남편도 누가라는 것에 같은 공감을 가지는데 많은 도움이 되었던 것 같습니다.

그 뒤 너무 열심히 달려온 시간들을 되돌아보고 싶을 때 양승훈 교수님을 만나서 일을 쉬고 캐나다 VIEW를 알게 되어서 2년간 유학을 떠나게 되었는데 그곳에서 동기로 박상은 선생님을 다시 만나게 되었습니다. 여전하셨지만 훨씬 더 성숙하셨고 그곳에서도 주변을 잘 섬기는 본을 보이셨던 것들을 기억합니다. VIEW에서는 일주일에 한 번씩 양 교수님 댁에 모여서 VFM모임을 했는데 거기서도 바쁘신 가운데 참석하시면 모임이 더 풍성해졌었던 기억이 납니다. 수업에 참관한 이선일 선생님과 청부론과 청빈론에 대해 열띤 토론을 하시면서 하나님의 세상을 바로 알리고 싶어하시던 모습도 떠오릅니다. 그러면서 진리에 대한 고민도 함께 했던 시절이었습니다.

저는 정말 평생 열심히 공부하시는 아버지 밑에서 자연스럽게 '사람은 공부를 해야 사는 가 보다'라는 생각을 가지고 살았습니다. 세상의 지식들을 많이 아는 것이 잘 사는 줄 알았습니다. 교회에 다닌다고 해서 그 생각이 크게 달라지지는 않았던 것 같습니다.

VIEW에 갈 때도 신앙적인 것 보다 좀 쉬면서 더 배우고 아이들 영어도 좀 자연스레 하는 생각이 더 컸으니까요. 하지만 VIEW에서 제가 배운 것은 servant leadership이었고 이것은 돌아와서 제 직장생활의 모토가 되어 그렇게 살고 나니 퇴직이 얼마나 홀가분하고 자유롭고 좋은지 지금은 그 시간을 누리고 있습니다. 그리고 세상 가치밖에 모르던 제게 믿음의 세계가 얼마나 귀하고 아름다운지 박상은 선생님과 이혜경 사모님 가정을 보면서 알게 되었고, 그 후 제 기도 제목이 바뀌었습니다.

믿음의 대가 이어지면서 하나님의 보호 아래 선한 영향력을 끼치고 사는 삶이 얼마나 멋진 일인지를 깨달은 거죠. 그전에는 그냥 믿는 사람과만 결혼하면 되는 줄 알았고 믿음의 가문까지 바라기에는 제가 살았던 부산 쪽은 복음화율이 너무나 낮은 지방이었습니다. 복음을 접할 기회가 별로 없었고 간혹 동기들 중에 집에서 가정예배를 드린다는 얘기를 들어도 도무지 그 친구가 교회를 다닌다는 사실도 믿어지지 않는 상태였기 때문에 믿는 집안의 의미를 알지 못했던 거지요.

그런데 박 선생님이나 사모님과 대화를 하면 교회나 믿음 이야기가 늘 주제가 되었습니다. '아 이런 대화를 나누시는구나' 하는 걸 보면서 믿음의 대가 이어지는 가정이 되는 것이 가장 좋은 것이라는 것을 알게 되었습니다.

돌아오셔서도 여전히 바쁜 병원장 생활 속에서도 낙태예방을 위해 열심히 TV출연도 하셨던 것도 기억이 납니다. 교회생활도 큰 교회에서 누리는 생활을 하시는 것이 아니라 집 앞의 개척교회를 섬기며 목사님 사례도 생활하실 만큼 챙겨 주셨고, 병원 새벽 기도도 참석하시면서 동시에 교회 새벽 기도도 빠지지 않았던 건 장로로서 목사님 힘이 되어드리는 생활을 하기 위해서였다는 말을 들으며 머리가 절로 숙여졌습니다.

이제 선생님은 좋은 곳에 가셨고 남은 우리는 아직 가야 할 길이 남아 있지만 삶으로 보여주셨던 감동은 많은 사람들의 가슴에 남아서 더 하나님 앞에서 성숙해 가기를 소망하게 할 것입니다. 새롭게 선생님을 다시 추억할 수 있는 시간이 주어져서 감사하고 이혜경 사모님과 남은 자녀들이 그 뜻을 이어서 다 함께 아름답게 마무리할 수 있기를 기도드립니다.

박혜경
고신의대 90졸
전)울산 남구보건소장

제2부

+

그가 아프리카로
간 까닭은

아프리카에 남긴 사랑

백영심

올겨울은 유난히도 더 춥게 느껴집니다.

저의 고향이 제주도이고, 아프리카에서 살아온 세월이 더 많았던 제가 한국에서 겨울을 보내니 더욱 그러한 것 같습니다. 그러나 무엇보다도, 박상은 원장님을 기리는 추모문을 쓰며 지난 며칠간 회상에 잠긴 시간이 더욱 마음을 춥게 한 것 같습니다. 그는 항상 선교사들 곁에 계셨고, 아프리카 의료 선교사들의 멘토가 되어 주셨던 원장님이었습니다. 그랬던 그가 어느 날 갑자기 우리 곁을 떠나셨다는 사실이 아직도 믿기지 않습니다. 하나님께서는 왜 이 땅에서 할 일이 많은 원장님을 그렇게 빨리 부르셨을까요?

2008년, 말라위 대양누가병원을 개원한 후 정신없이 바쁜 나날을 보내던 어느 날, 멀고 먼 말라위까지 찾아오신 한국의 의사, 박상은 원장님을 만났습니다. 의료 선교사로 헌신할 한국 의사를 찾기 어려워 낙심하던 때였기에 원장님의 방문은 큰 위로와 기쁨이 되었습니다. 흰 가운을 입고 병실을 회진하시던 모습만으로도 환자들이 나을 것만 같았습니다. 그 후로도 매년 아프리카 현지 의료진과 한국 의료진이 함께하는 의학 컨퍼런스를 개최해 아프리카 의료진의 역량을 키우셨고, 인근 국가에서 치료받지 못하는 환자들이 대양누가병원에서 치료를 받을 수 있도록 아낌없이 지원해 주셨습니다.

특히 신장내과 전문의이셨던 원장님은 신부전 환자들을 위한 투석실을 마련하고, 내시경 및 다양한 의료 장비를 기증해 주셨습니다. 또한 한국의 내과 전문의와 간호사를 보내어 현지 의료진을 교육하도록 하셨고, 말라위 간호사들을 샘병원으로 초청하여 전문 교육을 받을 수 있도록 지원하셨습니다. 아무도 가고 싶어 하지 않는 곳에서, 아무도 하려 하지 않는 일들을 기쁘게 감당하신 원장님의 헌신은 이루 말할 수 없습니다.

전인치유, 생명윤리, 의료선교 등 누구도 쉽게 감당하기 어려운 사명을 하나님께서 주신 소명으로 여기며, 참된 의사로, 신실한 그리스도인으로 살아가셨던 박상은 원장님. 원장님이 남기신 그 믿음의 발자취는 지금도 많은 선교사와 의료인들에게 귀감이 되고 있으며, 특히 선교를 꿈꾸는 젊은이들에게 큰 도전이 되고 있습니다.

비록 우리는 원장님을 떠나보냈지만, 원장님이 심어 놓으신 사랑과 헌신의 씨앗은 여전히 자라고 있습니다. 주님 안에서 다시 만날 그날까지, 원장님의 귀한 사역을 기억하며 그 뜻을 이어가겠습니다. 원장님, 참으로 고맙고, 그립습니다.

_ 2025. 2월 몹시 추운 겨울 말라위에서

백영심
말라위 선교사, Jalira girls secondary school 사역
말라위 대양누가병원, 대양간호대학 책임 선교사 역임

슈퍼스타 설교가

강동원, 전진경

우리 누가회에는 어느 유명한 설교가보다 더 언변이 좋게 말씀을 잘 전하시는 슈퍼스타 설교가가 몇 분 계신데, 원장님도 그 중의 한 분이셨습니다. 저희 부부의 선교사 파송예배 때 원장님께서 "중풍병자를 메고 온 4명의 친구"란 제목으로 설교를 해주셨습니다. 그때 참석한 모든 은평감리교회 성도분들이 의사가 어떻게 저렇게 설교를 잘하느냐고 입이 마르게 칭찬을 하셨고, 으레 CMF수련회 때마다 원장님의 말씀을 들었던 저희 부부는 은근한 미소를 지었습니다. 2년에 걸친 원장님의 설득과 대화를 통해 저희 부부는 아프리카미래재단에 풍덩 발을 들여놓게 되고 원장님이 그리시는 큰 그림의 작은 한 파트를 담당하게 되었습니다.

지금 와서 생각하면 미숙한 선교 초보자들을 데리고 일하셨던 원장님이 얼마나 힘드셨을까? 그 힘드심은 가히 예측불가이지만 그 당시에는 이러한 원장님에 대한 배려보다는 항상 미개척분야를 향해 달려가시는 원장님에 대한 작은 원망과 사역의 불확실성 속에서 발생된 멤버들과의 불협화음에 온 신경을 곤두세웠던 때도 있었던 것 같습니다. 그러나 원장님이 떠나신 후 마치 예수님의 제자들도 그러했듯이 불협화음은 사라지고, 아프리카미래재단 구성원들이 자신의 본분을 깨닫고, 자기의 자리에서 하나로 조율된 소리를 내기 시작했습니다.

원장님이 남기신 유산은 바로 이 화합이 아닐까 생각됩니다. 원장님께서 꿈꾸셨던 큰 그림 속에 온전한 파트가 되어 모자이크가 완성되는 데 집중하기 시작한 것입니다. 원장님께서 육신을 떠나 영으로 우리와 함께 하시기 때문에 아프리카미래재단은 더 견고해진 것 같습니다.

마지막으로 함께 한 2023 의료선교대회 때 같은 건물에 숙소가 정해졌음에도 불구하고, 더 따뜻하게 대해 드리지 못한 것이 못내 후회가 되고, CMF old member들과 같이 나가서 식사하시며 그렇게 즐거워하셨던 담소가 마지막이었다는 것이 아쉽습니다. 꼬인 실타래를 풀어 내시고 천국으로 옮겨가신 원장님을 생각할 때, 화해와 평화 이 두 단어를 떠올립니다. 리더로서 어려운 자리에서 관심을 배분하시느라 애쓰시고, 막힌 담을 허무시려고 애쓰셨던 그 선함을 기억합니다.

강동원
짐바브웨 의료 선교사, 연세의대 졸업, 짐바브웨 국립의대 약리학 교수

전진경
짐바브웨 의료 선교사, 연세의대 졸업, 짐바브웨 하라레 중앙병원 소아과 전문의

주먹밥이 정말 맛있네요

허일봉, 전미령

2010년 어느 날 아프리카미래재단이란 곳에서 연락이 왔다. 잠비아에서 한국선교사가 선교병원을 개원한다는 소식을 듣고 한번 방문해 보고 싶은데 괜찮겠느냐는 것이다. 그때 우리는 치소모 병원 건축을 끝내고 병원 시설을 어느 정도 마련한 후 직원 채용을 앞두고 있을 때였다. 한국 혹은 미국에서 은퇴한 소아과 의사 선생님을 원장으로 보내주시길 주님께 기도하던 차에 샘병원 의료원장님이 팀을 구성해 오신다니 이 팀원 중에 주님께서 예비하신 분이 계시는가 싶어 은근히 기대가 되었다.

그런데 그 팀 리더이신 박상은 원장님이 예전에 호주에서 열린 세계기독의사 컨퍼런스에 참석했을 때 함께 방을 쓴 룸메이트가 잠비아 의사였는데 이번 잠비아 방문 때 그 친구를 만나보고 싶으니 찾아줄 수 있겠냐고 부탁을 하셨다. 의사 숫자가 적은 잠비아에서 그것은 별로 힘든 일이 아니었다. 우리는 그때 '아, 이분은 사람과의 관계를 중요시 여기시는 분이구나' 라는 생각을 했다.

치소모를 방문하였을 때 그분은 이미 우리에 대해 많은 부분들을 알고 오셨고, "선교병원 개원이 쉽지 않은 일인데 이렇게 애써서 준비를 하셨네요."라며 위로와 격려의 말씀을 해 주셨다. 우리는 그 이전에 몇몇 지나가시는 분들이 "병원이 건물만 있다고 되는 것이 아니에요."라는 애정없는 우려 섞인 말들을 들었는데, 박 원장님은 진심으로 수고가 많으셨다는 말과 함께 몇 년 만에 만난 잠비아 의사 친구에게 이 선교사님들을 좀 도와주라고 요청을 하셨다. 그 의사의 이름은 Grave Singogo였다. 소아과 전문의이면서 침례교 목사님이었다.

한치의 망설임도 없이 당연히 돕겠다는 그의 승낙에 우린 정말 깜짝 놀랐다. '아! 하나님은 이렇게 계획하고 계셨구나! 이미 잠비아에 소아과 전문의를 준비시켜 놓으셨고 하나님의 때에 맞춰 박상은 원장님을 보내셔서 연결을 시켜주시다니.' 이런 완벽한 예비하심이 있을 줄은 상상도 못했다.

2010년 8월 개원할 때 원장님으로 섬기기를 시작한 Dr.Grave Singogo는 현재까지도 병원장과 그 후 세워진 제라보건대학의 CEO로도 계속 봉사하고 있다.

재작년 11월, 박상은 원장님의 소천 소식을 Dr. Singogo에게 전했을 때 그는 뭔가 잘못 들은 것처럼 얼굴을 찡그리며 "…What?"이라고 말했다, 이제 6개월 후면 다시 잠비아를 찾아올 박 원장님을 늘 자랑스럽게 "My Friend"라고 부르며, 두 분이 같이 잠비아 Stump Mission의 이사로서 일하면서 그를 기다렸기에 믿지를 못하는 것 같았다.

우리는 그립고 보고 싶은 우리의 친구 박상은 원장님을 생각하며 치소모 병원과 제라 대학의 온 가족들이 함께 추모예배를 드렸다. 이제는 주님 안에서 우리와 함께 기도하며 미래를 꿈꾸었던 우리의 친구는 볼 수 없으나 지금도 대학의 실습실엔 그가 마지막으로 선물한 인큐베이터와 신생아 침대들이 그의 따뜻한 사랑을 간직한 채 우리와 함께 여전히 남아있다.

박 원장님의 잠비아 방문은 늘 시간이 짧아 아쉬웠는데, 한번은 차로 잠비아에서 말라위로 이동을 하기로 했다. 거의 8~9시간을 운전해서 가야 하는 힘든 길이지만 그 시간 동안 충분한 대화를 할 수 있는 좋은 기회였다. 가는 길에 마땅히 먹을 만한 곳이 없어 미리 주먹밥을 만들어 갔는데, 끼니 때가 되어 어느 산 중턱 길가에 돌을 깔고 앉아 함께 점심을 먹었다. 여행 내내 그분의 까다롭지 않고, 참으로 사람을 편하게 대하시고 늘 남을 배려하고 높여 주시는 언행에 감탄을 했다. 많이 피곤하실 텐데 내색하지 않으셨고 오히려 운전하는 사람을 챙기셨다.

"주먹밥이 정말 맛있네요. 오래 기억날 거예요."

라는 감사와 칭찬의 말씀도 잊지 않으셨다. 그분은 주위 사람들을 편안하게 만드는 은사가 있으셨던 것 같다.

잠비아 방문 시 아무리 시간이 넉넉하지 못해도 꼭 잠비아 기독의사 및 의대생들을 초청하여 함께 컨퍼런스를 하며 기독 의료인으로서의 사명과 책임을 강조했던 박상은 원장님, 또 제라 보건대학의 학생들에게 조금이라도 더 장학금을 마련해 주고 싶어서 목회간호선교회, 한국기독의사회와 로제타홀 기념장학회를 연결시켜 후원받도록 해주시고, 어느 재단으로부터 자신이 받은 상금을 직접 보내주시기도 하고, 가족들로 구성된 영파선교회를 통해 제라의 강당 건축을 도와주신 일 등, 잠비아에서 행하시는 하나님의 일을 위해 주님은 그분을 다양하게 복된 통로로 사용해 주셨다.

그래서 작지만 그분을 기념하고자 그분이 사랑했던 치소모와 제라 가족들이 볼 수 있게, 하나님께서 그분을 통해 어떻게 역사하셨는지 기억하자고, 웃음짓고 계시는 사진을 강당에 걸어 놓았다. 그 사진을 보며 주님께 감사드리며 다짐한다.

귀한 동역자님과 짧게나마
주님의 선교에 함께 할 수 있었음에 기쁘고,
그가 가졌던 비전,
미처 이루지 못했던 아프리카 미래에 대한 꿈을
그를 기억하는 우리들이 해 나가도록 힘 주옵소서!

허일봉
아프리카미래재단 잠비아 지부장, 잠비아 선교사, 잠비아 Stump Mission Inc. 이사장

전미령
잠비아 선교사, 간호사, 제라보건대학 치소모아동병원

우리 모두는 그에게 속았습니다(?)

박준범, 백지연

안식년 차 미국 LA에서 개최된 한미의료선교대회에 참석하였습니다. 그곳에는 아프리카미래재단(이하 아미재)과 관련된 분들도 오셨고 함께 모여 이야기를 나누던 중 박상은 원장님에 대한 서로의 추억을 얘기하다가 박 원장님의 학교 후배이자 아미재 미주법인 대표 김홍식 장로님 부인되시는 성정미 권사님의 입에서 나온 말입니다.

"박 원장님이 나를 특별한 사람처럼 대해주고 가장 아끼는 후배처럼 대해줘서 아미재 미주법인 대표도 맡고 적극적으로 후원했는데 알고 보니 모두에게 그렇게 하신 거였습니다. 여기 모인 모두가 그렇게 속아서(?) 온 사람들이십니다."

순간 모두 박 원장님을 잘 아시기에 크게 웃으며 동의하셨습니다. 저는 그 말이 '박 원장님의 인격과 성품을 너무 잘 표현했다'라는 생각이 들어 오랫동안 마음에 남았습니다. 한사람 한 사람에게 진심으로 다가가야 들을 수 있는 평판이기 때문입니다.

제가 박 원장님을 처음 알게 된 것은 지금으로부터 정확히 11년 전인 2014년 8월입니다. 저희가 2014년 1월 르완다 선교사로 떠나오기 전, 대구에서 개원하고 있던 아내 백지연 선교사가 병원을 넘기기 위해 광

고를 냈고 이를 보고 찾아온 손성민 선생님과 얘기를 나누던 중 르완다에 선교사로 간다는 얘기를 했더니 그 분의 눈이 반짝반짝했습니다. 자기도 크리스천이고 자기가 너무 잘 아는 분이-아마 이 선생님도 박 원장님께 속은 한 사람일 것 같습니다.-아프리카미래재단 대표이자 안양 샘병원 박상은 원장님인데 그분과 연결되면 좋겠다면서, 병원을 알아보러 와서 병원 상태나 운영 상황에 대해서는 묻지도 않고 계속 아프리카와 박상은 원장님에 대한 얘기만 하더랍니다. 그러더니 그냥 이 병원을 자기가 인수하겠다고 했습니다. 사실 묻지도 따지지도 않고 급하게 병원을 넘겨야 하는 저희로서는 너무 감사한 일이었고 하나님의 섬세하신 인도와 예비하심을 경험한 순간이었습니다. 그리고 저희는 르완다로 떠났고 아미재와 박 원장님을 잊은 채 르완다에 적응하느라 정신없었던 8월 16일에 한 통의 메일을 받았습니다.

"이렇게 귀한 선교사님 부부를 알게 되어 너무 기쁩니다. 마침 대구에서 한국누가회 여름수련회가 있어 참석하는 길에 손성민 자매를 만나 이렇게 소개받게 되었습니다. 이런 분이 세상에 계시는구나 감탄하며 기도편지를 눈물로 읽었습니다."

이렇게 장문의 글이 시작됩니다. 르완다에 대한 이야기, 아프리카미래재단이 하고 있는 일과 나라들, 각 나라의 선교사님들의 이름, 본인의 간증까지….

"하고 싶은 얘기, 듣고 싶은 얘기가 너무 많습니다. 대구 동신교회 마룻바닥에서 태어난 제가 왜 하나님께서 이 땅에 보내셨을까, 늘 기도하면서 생각해 봅니다. 주님이 왜 이 땅에 오셔야만 했는지, 다시금 생각해 봅니다."

그러면서 아미재가, 본인이 어떻게 도와주고 협력할 수 있을지를 또

장문의 글로 설명하셨고 이렇게 마무리를 하셨습니다.

"처음 인사인데, 너무 글이 길었습니다. 제가 너무 흥분했나 봅니다. 6시간 운전하고 다닌다는 말씀에 기겁했습니다. 저는 미스 프린트라고 생각했습니다. 존경합니다. 그럼 또 연락드리겠습니다. 박상은 올림"

저는 사실 제 인생에서 이렇게 길게 쓴 메일은 난생 처음 봤습니다. 한 재단의 대표이자 샘병원 원장님이라던데 '시간이 참 많으신 분이구나'라는 생각까지 들 정도였죠. 하지만 그 분을 알아갈수록 결코 시간이 남아서 이런 메일을 보내시는 게 아니라는 걸 알 수 있었습니다. 결코 길지 않은 두 달 간격의 기도 편지에 거의 매번 1, 2번을 다투시며 답장을 주셨습니다. 형식적이지 않은, 때로는 진심으로 감동하시고 때로는 함께 마음 아파하시며 제가 하는 나누리 병원 사역이 아미재와 직접적으로 연결되어 있지 않아서 함께 사역을 하지는 않았지만 꼭 한 번 르완다를, 나누리 병원을 보고 싶어 하셨습니다.

하지만 아프리카 방문 때마다 워낙 일정이 복잡하고 많아서 쉽지 않았는데 결국 2023년 3월경 새벽 2시쯤 도착해서 당일 저녁에 다른 아프리카 나라로 이동하는 힘든 경로로 르완다를 집어넣어 나누리 병원을 둘러보시고 저희가 섬기는 은데라(Ndera) 지역의 현지 교회 오전 예배에까지 참석하셔서 간증과 말씀까지 나누었습니다. 예배 후 센터에서 탁구까지 승리하시고 아이처럼 기뻐하며 바로 그 저녁에 공항으로 떠나셨습니다. 르완다에 오기 전까지 그리고 이후에도 빡빡한 스케쥴이 기다리고 있었지만 그 날 뵌 얼굴에는 여전히 아프리카에 대한, 선교에 대한 열정과 르완다에 대한 호기심으로 빛이 났습니다. 선교사들을 오히려 부끄럽게 만드는 열정이었습니다.

저를 아주 특별한 사람으로 귀한 선교사로 대해 주시고 만날 때마다 환한 미소로 안아 주셨던 박상은 원장님은 제게 정말 특별한 사람이었습니다. 그 분을 통해 하나님의 미소를 보았고 하나님의 사랑을 배울 수 있었습니다.

저는 박상은 원장님이 저만 특별하게 대해 주시는 것으로 속았지만(?), 그래서 행복했습니다. 그 속임이(?), 그 미소가 그립습니다.

박 준 범
르완다 나누리 선교병원 병원장, 내과 전문의

백 지 연
르완다 나누리 선교병원 부원장, 소아과 전문의

연결의 귀재

양승훈

저는 매주 토요일이면 아침 6시에 한국기독의사회 기도모임에서 박상은 원장님을 줌으로 만났습니다. 2023년 11월 4일 오전 6시(에스와티니에서는 11월 3일 오후 11시)에도 기독의사회 줌 기도회에서 박 원장님을 만났습니다. 박 원장님은 이날도 여느 때와 같이 기도회에 참석하는 분들 중에 온 세계를 훑는, 가장 많은 기도제목을 내어놓으셨습니다. 그리고 그로부터 불과 몇 시간 후에 베트남 선교지에서 별세했다는 충격적인 소식을 들었습니다. 모두가 그랬듯이 저도 처음에는 믿기지가 않았습니다. 너무 황망했습니다. 박 원장님은 2022년 12월에 이어 불과 한 달 뒤인 2023년 12월에도 단기의료선교팀을 이끌고 에스와티니를 방문할 예정이었습니다.

갑작스런 박 원장님의 소천은 지난 4반세기 이상 이어진 저와의 오랜 우정을 돌아보게 하였고, 저의 인생에 대해서도 많은 생각을 하게 했습니다. 돌아보면 그동안 밴쿠버기독교세계관대학원(VIEW)에서 학생으로 만난 것으로부터 시작해서 지금의 에스와티니 기독의대(EMCU) 사역에 이르기까지 그 긴 여정 동안 박 원장님과의 교제를 통해 저의 삶에도 많은 일들이 있었습니다.

나이로는 저의 동생과 동갑이었지만 박 원장님은 정말 가까운 동역자였습니다. 박 원장님의 주선으로 아프리카미래재단과 연결되었고, 2008년에는 밴쿠버에 있는 저의 집(VIEW 센터)에서 아프리카 선교대회를 개최하기도 하였습니다.

그 후 여러 해가 지나 제가 EMCU에 근무하면서부터는 박 원장님이 초청해 준 한국기독의사회 카톡방에서 박 원장님의 눈부신 활약을 좀 더 생생하게 볼 수 있었습니다.

매주 토요일 오전 6시에 모이는 기독의사회 온라인 기도회에는 박 원장님이 거의 빠짐없이 참석해서 가장 긴 기도제목을 내어놓곤 했습니다. 그런데 놀랍게도 기도제목을 내놓는 현장은 자택이 아니라 대부분 국내나 해외의 호텔 방이나 로비였습니다. 그가 마지막 기도회에 참여해서 기도제목을 내놓은 곳도 베트남 다낭의 한 호텔 로비였습니다. 그만큼 부지런히 선교현장을 누볐다는 얘기지요.

제가 박 원장님을 정확하게 언제 처음 만났는지는 잘 기억나지 않습니다. 그만큼 오래되었다는 뜻이기도 합니다. 1990년대 초에 어느 기독학자들 모임에서 박 원장님을 만난듯 하지만 기억이 확실하지는 않습니다. 그후 1997년, 제가 VIEW를 설립하기 위해 한국을 떠난 후에는 정기방한 때 가끔 교제를 했습니다. 그러다가 박 원장님이 가족들과 함께 VIEW에서 안식년을 보내기 위해 밴쿠버에 오신 후로는 아주 가깝게 교제하게 되었습니다. 그것이 계기가 되어서 2008년 여름, 박 원장님이 중심이 되어서 현재 제가 근무하고 있는 EMCU 설립을 위한 의료선교대회를 저의 가족이 살던 VIEW 센터에서 개최하였습니다.

저는 EMCU에 근무하는 것과 관련하여 개인적으로 박 원장님에게 두 가지 큰 빚을 졌습니다. 첫째는 박 원장님을 통해 기독의료계 여러

지도자들을 알게 된 것입니다. 박 원장님이 한국기독의사회 카톡방에 초대해 주셨기 때문에 저는 매주 기독의사회 지도자들의 기도회에 참여할 수 있게 되었습니다. 뿐만 아니라 제가 EMCU에 부임한 후 처음 방한할 때 박 원장님은 모교인 고려대 의대까지 직접 오셔서 저를 의무부총장님을 비롯한 여러 지도자들에게 소개해 주셨습니다.

또한 연세대 세브란스 병원까지 오셔서 의료선교센터 소장을 비롯한 여러 지도자들을 소개해 주셨습니다. 몇몇 의사 친구들이나 VIEW에서 공부한 제자 의사들을 제외하고는 의료계에 아는 사람들이 별로 없는 저를 박 원장님이 데뷔시켜준 셈입니다. 덕분에 기독의사회 지도자들과 교제하면서 의료분야에 계시는 분들의 정서를 좀 더 이해할 수 있게 되었습니다.

둘째는 박 원장님의 강권으로 생활습관의학(Lifestyle Medicine, LM) 보드 시험 공부를 시작한 것입니다. LM 보드 시험은 2022년 12월에 EMCU에 단기의료선교를 오셨던 박 원장님의 추천으로 시작된 일이었습니다. 당시 박 원장님은 대한생활습관의학회 초대 회장이었는데 제게 의대 총장을 하고 계실 뿐 아니라 아프리카의 보건의료 상황에서 LM이 꼭 필요하다면서 공부할 것을 강권했습니다.

저는 의대에서 근무하면서 의료인들과의 만남이 많았기 때문에 의료 관련 용어라도 익히는 게 좋겠다는 단순한 마음으로 공부를 시작했습니다. 저는 의사가 아니었지만 박 원장님은 제가 의료 관련 기관의 행정을 하고 있기 때문에 보드 시험 응시 자격이 된다고 추천해 주셨습니다. 그러면서 박 원장님은 "양 교수님은 물리학을 공부하셨으니 그렇게 어렵지 않게 공부하실 수 있을 겁니다"라고 했습니다. 저는 어리석게도 그 덕담을 액면 그대로 받아들이는 큰 실수(?)를 했습니다. 그 실수 덕분에 작년 1년 동안 모든 휴가와 휴일을 LM 공부에 바쳤습니다. 하지만 막상 보드 시험을 강권하신 박 원장님은 제가 시험을 치르기 한 달 전에 소천했습니다. 박 원장님 덕분에 저는 요즘 LM 공부한 것을 잘 활용하고 있습니다.

어느새 박 원장님이 소천하신 지 1년이 넘게 되었습니다. 시간이 흘러가면서 박 원장님이 남긴 발자국이 점점 더 크게 느껴집니다. 하나님은 왜 이렇게 귀한 분을 빨리 데려가셨을까 생각될 때도 있습니다. 하지만 하나님은 항상 선한 분이기 때문에 박 원장님은 하나님의 시간표에 따라 사시다가 가셨다는 생각을 해봅니다. 그의 소천을 아쉬워하는 만큼 박 원장님이 하시던 일을 남은 우리들이 부지런히 해야겠다는 다짐을 하면서 박 원장님의 2주기를 맞이하려 합니다.

양승훈
에스와티니 기독의대 총장
벤쿠버기독교세계관대학원 교수

나보고는 아프리카 가라더니

용태순

박상은 원장님은 하나님의 뜻을 따라 의학과 생명윤리 등을 공부하시고, 의사로서 병원에서 환자를 돌보시고 아프리카미래재단을 만드셔서 개발도상국 사람들의 건강 증진을 위해 일생 일하시고 그 외에도 정말 다양하고 귀한 일들을 하셨습니다. 저는 기초의학자의 생을 살았기에 젊은 날에는 뵐 기회가 별로 없었으나 열대지역의 기생충병, 감염병 등에 관한 현장 연구를 지속하다 보니 차차 국제보건의료에 관심을 가지게 되었습니다.

2020년 경 아프리카미래재단과 연세의대 열대의학연구소 간의 MOU를 체결하고 싶다고 말씀드리면서 비로소 처음 가까이서 뵙게 되었습니다. 이후 2021년 박상은 원장님이 국제보건의료학회 회장이 되시고, 제가 이사장이 되어 2년간 봉사할 때 당면한 사안들을 상의하면서 종종 만나 뵐 수 있었습니다.

제가 본 박상은 원장님은 모든 닥친 일들을 선하게 처리하셨으며, 판단이 빠르고, 앞서서 실행하시되 아이디어도 많으셔서 좋은 제안들을 문득문득 처리하셨습니다. 사실 국제보건의료학회는 이사장이 실제 이사회를 이끌어 가며 학회 일을 책임지고 하는 체제였는데 회장님이 주신 아이디어를 싫다 하지 않고 실행에 옮기는 것만으로도 임기 2년이 금방 지나갔습니다. 그 바쁘신 가운데에도 기독의사회 카톡그룹방에 무슨 소식이 올라오면 거의 제일 먼저 반응을 보이시는 분이 박상은 원장님이셨다고 기억합니다. 선한 일에 뒤돌아보면서 머뭇거리는 일이 없으셨습니다.

저는 지금 남부 아프리카 에스와티니에 와서 이 나라 첫 의과대학, 에스와티니 기독의대(Faculty of Medicine, Eswatini Medical Christian University)의 시작에 참여하면서 학장으로 봉사하고 있습니다. 이전에 아프리카 열대지역에 조사연구는 많이 다녔었으나 에스와티니는 전혀 생각하지 못하였는데 박상은 원장님이 2023년 어느 봄날 제가 다니는 새문안교회에 찾아오셔서 "정년 후에는 이런 곳에 가서 봉사하는 것이 좋지 않겠어요?"라고 말씀하신 것이 계기가 되었습니다. 이후 2023년 8월 한번 에스와티니를 방문하여 박상은 원장님의 친형이신 박재형 교수님을 만나 뵙고 결정을 하였고 2024년 2월 정년퇴직한 후 바로 4월에 에스와티니에 오게 되었습니다.

그런데 사실 2023년 11월 박상은 원장님이 갑자기 돌아가시니 너무나 허망하였습니다. 제가 박상은 회장님을 뒤이어 국제보건의료학회 회장이 되어 학술대회 당일 전임회장께 드리는 감사패를 드리려고 오시라 했는데 베트남에 단기의료선교를 가셨다고 현장에 못 오신다고 하였습니다. 대수롭지 않게 생각했는데 다시 뵙지 못하게 될 줄이야... "아니! 원장님! 나보고는 아프리카 가라더니 본인은 먼저 더 좋은 천국으로 가셨어요?"하고 원망 섞인 혼잣말을 하기도 했습니다.

어느 날은 꿈에 나타나시기도 하고, 전쟁터에 나가려는데 후방 지원군을 다 잃어버린 듯한 느낌이었습니다. 주위 사람들이 "에스와티니는 도무지 진행되는 일이 없는데 도대체 왜 가시는 거에요?"라는 말들을 했습니다. 그렇지만 저는 박상은 원장님이 돌아가시면서 남긴 유지를 받든다고 생각을 하며 에스와티니에 오게 되었습니다. 왜 이렇게 빨리 하나님이 박상은 원장님을 데려가셨는지 사실 이해하기 힘듭니다, 살아 계셨다면 더 좋았을 것 같은데 말이에요.

그러나 모든 역사 가운데에 하나님의 뜻이 있다고 믿는 수 밖에요. 에스와티니에 도착하여 어려운 점들이 여러 가지 있었지만, 하나님께서 인도하셔서 이를 기적같이 극복하고 박재형 교수님을 모시고 2024년 8월 19일 역사적인 의과대학 학생 교육을 시작할 수 있었으며 오늘까지 순항하고 있습니다. 박상은 원장님이 천국에서 더 든든한 지원을 해 주시고 있는가 봅니다.

하실 일들을 많이 두고 너무 빨리 가신 것 같지만 남들이 90년 살면서 할 수 있는 일의 분량을 박상은 원장님은 65년 만에 충분히 이루시고 가셨다고 믿습니다. 저는 에스와티니에서 이 의과대학이 굳건히 서는 초석을 쌓는 일이 박 원장님의 바랐던 바를 이뤄드리는 일이라고 믿고 일하고 있습니다.

그리운 박상은 원장님, 우리가 모두 천국에서 다시 기쁘게 만날 수 있기를 소망합니다!

용태순
에스와티니 기독의대 학장, 국제보건의료학회 회장
연세의대 명예교수

잘했고 고맙구나

곽재근, 최미리

　박상은 선생님과의 개인적인 만남은 대학시절 누가회 수련회로 기억합니다. 아무리 누가회지만 저에게는 하늘 같이 느껴지는 선배임과 동시에 너무나 편안히 대해주는 오빠였습니다. 수련회에 믿지 않는 형제가 왔을 때 안에서는 누가회 간사님이 복음을 전하고 있고 밖에서는 몇몇 형제 자매들을 불러 성령님의 역사를 위해 같이 기도하자고 제안하시며 기도해주신 선배님!
　그 후 서울 노회에서 임원을 맡아 같이 일했던 기억이 나는데 늘 궂은 일도 같이 섬겨 주시곤 했습니다. 생명 윤리에 대해, 특히 아직 뱃속에 있는 가장 작은 생명에 대한 중요성을 강조하시며 낙태 반대, 심지어는 시험관 아기가 왜 옳지 않은지를 역설하시던 생각이 납니다.
　누가회에서 뇌사를 사망으로 받아들일지에 대한 첨예한 토론시에 뇌사자 장기 기증을 통한 환자의 치료에 대해 말씀하셨던 적이 있습니다. 그것이 정말 성경적이지 않을 수도 있다고 죄를 지으며 오래 살게 하느니 적절한 때에 보내 주는 것도 옳을 수 있다고 말씀하시는 걸 보며 유능한 의사이기에 앞서, '정말 성경적으로 살기를 원하시는 크리스천이시구나'라고 생각했습니다.

황우석 박사의 줄기세포가 인기를 얻을 때, TV토론 좌담회에 참석하여 황우석 박사와 토론하실 때 조용하지만 담대하게 그 실험들이 옳지 않은 것과 과학적 실험 결과도 오류가 있을 것이라고 단호하게 말씀하시던 것을 기억합니다. 이로 인해 황우석 박사쪽 분들에게 살해 협박까지 받으셨지만 성경적 견해에 확실히 서셨던 선생님의 생명 사랑을 기억합니다.

선생님은 늘 성경적인 견해를 가지시고 일하셨고 저는 그런 모습을 보며 예수님을 닮은 작은 거인으로서 많이 존경했습니다.

3년 전 친정 아버지 장례식에 직접 오셔서 위로하시며 선교사로 수단 난민학교 사역을 이집트에서 하고 있는 저희에게 "잘했고 고맙구나, 선교사는 특별한 거야." 말씀하시며 "의료와 교육은 우리 아프리카미래재단에서 가장 중심적인 사역이야. 그리고 우리 재단이 이제는 아프리카를 넘어 아랍지역으로 지경을 넓혀야 하는데 이집트가 허브구나. 같이 재단 안에서 사역하자." 라고 먼저 제안해 주셔서, 그래서 저희가 1년 반 전 아프리카미래재단에 들어가게 되었고 귀한 공동체를 함께 섬기게 되었습니다. 이집트에서 난민을 섬기는 저희에게 "예수님도 이집트의 난민이셨잖아. 이제는 팔레스타인 가자 난민도 이집트로 엄청 들어갈 텐데, 그 난민도 섬겨 주셔야 할 거예요."

소천하시기 2주 전 공동체 기도 모임에서 유언처럼 말씀해 주셨던 지경을 넓히는 조언을 기억합니다.

작년 의료선교사대회에 선교사들의 합창을 지휘하시며 선교사들의 합창은 특별한 은혜가 있다고, 삶을 온전히 드렸기에 더 큰 은혜가 있는 것 같다며 열정을 다해 지휘하시던 모습을 기억합니다. 함께 불렀던 "나의 삶 속에 온전히 주님만 모셔 놓고… 주는 나의 큰 능력…" 지금도 읊조리며 기억합니다.

선생님!

천국에서 평안하시죠?

우리는 고생하는데 먼저 가셔서 편히 쉬시는 것 같아 샘도(?) 나지만, 늘 유머와 사랑으로 보듬으시던 그 얼굴이 넘 기억나고 그립습니다. 천국에서 뵙겠습니다!

곽재근, 최미리
치과의사, 이집트 선교사, 수단 난민학교 사역

사랑은 에어 앰블런스를 타고

이원준, 유해숙

저희가 중남부 아프리카선교사대회에서 처음 박상은 대표님을 만나 뵌 후에, 박 대표님이 에스와티니(스와질랜드)에 병원을 세우려 하실 때부터 좀 더 깊이 교제를 하게 됐습니다. 그런 후에 초창기 아프리카미래재단을 설립을 하시는 과정에서 남아프리카공화국_이하 남아공에서 의료사역을 위해서 팀들과 함께 오셨을때 남아공 CMF와 보건부와 협력을 시도했습니다. 또한 남아공에 에이즈 문제가 심각할 무렵이었기에 어떻게 하든 에이즈 환자들을 돕기 위해 남아공 의과대학들과 협력을 하기 위해 방문하여 관계자들과 환자들을 도울 수 있는 방법들을 진지하게 미팅을 하며 사역을 협력했습니다.

박 대표님의 성품은 웃음과 함께 부드럽고, 온유하고 내성적인 것 같지만 탁월한 친화력으로 많은 사람들을 만나고 교제와 관계를 맺어갔습니다. 아프리카에 의료적 필요를 보고 느끼실 때는 엄청난 열정으로 비전을 나누고 도전을 하고 추진을 했습니다. 그래서 매해 한국과 미국 의료팀들을 동원하시어 아프리카 사람들을 도우시려는 모습, 적극적인 추진력, 일회성이 아닌 지속적으로 한결같이 의료팀들을 동원하셔서 함께 섬기셨습니다. 계속해서 아프리카의 남부, 중부, 서부, 북부 아프리카에까지 사랑의 손길을 펴시는 모습에 그저 놀라웠습니다. 하나님께서 박 대표님을 사용하셔서 아프리카미래재단의 사역을 놀라울 정도로 성장과 성숙케 하셨습니다.

저는 의료인이 아니고 목회자들과 교회들이 성경적인 삶과 교회를 할 수 있도록 섬기는 사역을 하는 선교사인데도 불구하고, 저에게 남아공화국 지부장 책임을 맡겨 주면서 아프리카미래재단에도 영적이고 목회적인 사역을 하는 선교사들도 필요하다고 저에게 계속해서 재단에 남아서 동역해 줄 것을 말씀하셨습니다. 그래서 저와 함께 아프리카미래재단의 선교사님들을 위해서 멤버 케어와 함께 의료와 학교사역 속에서 '어떻게 영혼구원과 전도와 제자사역을 함께 섬길 것인가'에 대해서 기도하면서 상의도 하고 준비를 해왔습니다.

박 대표님을 오랫동안 지켜보고 알아오고 같이 사역을 하면서 화를 내신 것을 본 적이 없습니다. 그리고 아무리 바쁘셔도 선교사님들과의 만남과 대화, 진료와 치료를 위해서 항상 섬기셨습니다.

사실 저희 부부는 개인적으로는 박 대표님께 너무나 큰 사랑과 은혜를 입었습니다. 그것은 코로나19때 그만 코로나에 걸려 남아공화국 병원에서 생사의 갈림길에 있을 때였습니다. 남아공은 폭동등의 국가 비상 긴급상황으로 혼란기에 있었습니다. 그때 박 대표님이 아프리카미래재단과 함께 남아공에서 에어 앰블런스 준비 및 출발할 수 있도록 여려 채널을 통해서 도우시고 섬기셨습니다. 또한 그 당시에 에어 앰블런스가 인천공항에 도착을 해도 국가에서 병원을 지정해 주지 않으면 인천공항에서 대기해야 하는 상황이었습니다. 그런데 그때 박 대표님이 한국의 질병청 관계자들과 만남의 자리를 만드신 것입니다.

"남아공화국에서 코로나로 생사의 갈림길에 있는 이원준 선교사 부부가 에어 앰블런스를 타고 인천공항에 도착하는데 코로나 병실이 필요합니다." 라고 호소하시면서 코로나로 국내 의료 시스템도 비상 상황일 때 명지병원에 입원 할 수 있도록 도와주셨습니다. 또한 수시로 명지병원 원장과 담당 의사에게 전화로 저희의 상황을 묻고 치료를 부탁했던 박 대표님은 저희의 생명의 은인이셨습니다.

입원 후에 여러 번 죽음의 고비를 넘길 때 격려와 기도로 함께 해 주셨습니다. 주님의 은혜로 코로나에서 살아났지만 명지병원에서 입원 기간이 3달이 넘어가면서 치료가 다 되지 않았는데, 퇴원하라는 통보가 왔습니다. 그때 어느 병원으로 가야 할지를 모를 때 박 대표님이 샘병원에 입원시켜 주셔서 계속적인 치료와 회복을 할 수 있었습니다. 또한 샘병원 병실에 있을때 자주 찾아오셔서 격려와 위로와 함께 기도를 해 주셨던 그 자상함과 사랑에 말로 표현할수 없는 감사와 함께 사랑의 빚을 너무나도 많이 졌습니다.

이제 저희는 건강을 많이 회복하여 박 대표님께서 못다 이루신 꿈, 아프리카 대륙의 영혼들을 향한 사랑을, 저희에게 주신 목회적 은사를 가지고 영혼 구원하여 제자 삼는일로 성경적인 삶과 교회들을 계속해서 열심히 세우는 것으로 하나님 앞에서 나누기를 다짐해봅니다. 박 대표님의 영혼을 위한 사랑과 헌신, 봉사, 열정을 보고 경험한 많은 사람들이 감동을 받고, 본받기를 원해서, 그렇게 살기를 원하는 많은 사람들이 아프리카를 그리스도의 사랑으로 섬기면서 변화시켜가는 미래를 기대하고 꿈꾸며 감사함으로 기도합니다.

이원준, 유해숙
남아공선교사 부부, 예수교대한성결교회와 GP 선교회

The Late Professor Park

Drs. Grave and Irene Singogo

I first met Professor Park in August 2006 during an International Christian Medical Conference held in Sydney, Australia. I was immediately captivated by his love for the Lord Jesus Christ. He spoke highly of Christ as the Saviour of the world among many other things. He spoke about the importance of prayer during the time I was with him for three days.

I forgot about the Sydney meeting until 4 years later when Professor Park was visiting in 2010. He came with the AFF team and they wanted to set up a Medical School in Zambia, Swaziland and Malawi. He specifically looked for me as he remembered the Sydney meeting. We finally met but again he spoke about the need for prayer so he could find the money to set up Medical Schools.

The same year 2010 Chisomo Hospital was opened in my name after he requested that we have a Christian Doctor to head the hospital. The Government of Zambia requires that any Hospital must be opened by a duly qualified Government Registered Doctor.

After that I introduced Professor Park to my wife Irene Singogo in 2010. My wife was immediately struck by his love for Christ and his humility. Professor Park had a sincere love for Jesus Christ. Irene and

I met with Professor Park many times after that in Zambia when he would visit either with the AFF team or the American Korean Stump mission team.

The last meeting with Professor Park and his team was at Zera International College which is training Student Nurses and Clinical Medicine headed by Dr. Irene Singogo who is the Director.

Professor Park was a wonderful Christian colleague of mine. We prayed together and shared our Christian faith nearly every time we met. For me his greatest strength was his prayerfulness and humility and love for Christ. Irene grew to appreciate and delight in the faith that Professor Park had in Christ. We miss him greatly.

We held our own memorial service in remembrance of him in 2023 November in Zambia at Zera International Bible Church. We remember how Madam Janet on behalf of Mr. James Huh (the missionaries) read Park's delightful and clear testimony of his faith and how he came to believe in Jesus Christ. We found it very humbling that he chose to give up big political opportunities just so he could serve Jesus Christ.

Professor Park loved Jesus Christ and was a very humble and generous man.

Thank You

From Professor Grave Singogo and Dr. Irene Singogo

Professor Grave Singogo- M.Sc. Clinical Medicine (UK); Bachelor of Medicine and Surgery (Zambia); CEO and Senior Lecturer at Zera International College of Health Sciences Child Specialist and Director Chisomo Hospital.

Dr. Irene Miti Singogo

PhD. HE(Health Education -UCN); M.Phil.MCH (Maternal Child Health-UCT); M.Ed.PHC Cert.SRN_UK (State Registered Nurse _UK)

저는 2006년 8월 호주 시드니에서 열린 국제 기독교 의학 컨퍼런스에서 박상은 교수를 처음 만났습니다. 저는 즉시 그의 신실함에 매료되었는데, 그는 다른 많은 것 중에서도 그리스도를 세상의 구세주로 높이고, 제가 그와 함께 지내던 3일동안 그는 기도의 중요성에 관해 이야기하곤 했습니다.

저는 4년 후인 2010년에 박 교수가 방문할 때까지 그와의 만남을 잊고 있었습니다. 그는 아프리카미래재단(Africa Future Foundation, AFF) 팀과 함께 왔고, 그들은 잠비아, 스와질란드, 말라위에 의대를 세우고 싶어 했습니다. 그는 시드니에서의 저와의 만남을 기억하며 특별히 저를 찾았습니다. 우리는 마침내 만났고, 그는 의대를 세우기 위한 자금을 마련하기 위해 기도가 필요하다고 하였습니다.

같은 해 그는 병원을 이끌 기독의사가 필요하다고 요청한 후, 제 이름으로 Chisomo 병원의 문을 열었습니다. 잠비아 정부는 잠비아 내에서 병원을 개원할 때, 잠비아 정부로부터 인증받은 의사가 열어야 한다고 규정하고 있습니다.

그 후 2010년에 저는 박 교수를 제 아내 Irene Singogo에게 소개했습니다. 제 아내는 박 교수의 그리스도에 대한 사랑과 겸손한 성격에 즉시 감명받았습니다. 박 교수는 예수 그리스도를 진심으로 사랑했습니다. 아이린과 저는 그 후 잠비아에서 박 교수를 여러 번 만났는데, 그는 AFF 팀이나 American Korean Stump 선교팀과 함께 방문하곤 하였습니다.

박 교수와 그의 팀을 마지막으로 만난 장소는 제라국제보건대학이었습니다. 이곳은 학생 간호사들에게 임상의학을 교육하는 기관으로, Irene Singogo 박사가 학장으로 재직 중입니다.

박 교수는 저의 훌륭한 영적인 동료였습니다. 우리는 만날 때마다 함께 기도하고, 함께 신앙을 공유했습니다. 제가 보는 그의 가장 큰 강점은 그의 기도하는 자세와 겸손한 성격, 그리스도에 대한 사랑이었습니다. 아이린은 박 교수의 신앙에 감명받았으며, 우리 부부는 그를 매우 그리워하고 있습니다.

2023년 11월, 우리는 잠비아에 있는 제라국제성경교회에서 박 교수님을 기리는 추모 예배를 드렸습니다. 그 자리에서 전미령 선교사께서 허일봉 선교사님을 대신해 박 교수님의 밝고 분명한 신앙 간증-예수 그리스도를 어떻게 믿게 되었는지를 담은-글을 낭독하셨던 모습이 기억에 남습니다. 박 교수님께서 예수 그리스도를 섬기기 위해 정치계 진출의 길을 기꺼이 내려놓으셨다는 사실은 우리 모두에게 깊은 감동과 겸손함을 안겨주었습니다.

박 교수는 예수 그리스도를 사랑했으며, 매우 겸손하고 관대한 사람이었습니다. 감사합니다.

_ 그레이브 싱고고 교수와 아이린 싱고고 박사로부터

그레이브 싱고고
치소모 병원 원장(소아과)
제라국제보건대학 CEO 및 수석강사

Celebrating life of Dr. Sang Eun Park

Dr. Magandi

I first knew Dr. Park in 2021 when he visited Muhimbili National Hospital Mloganzila, Tanzania. Dr. Park was a person with compassionate and carring towards others. He will be remembered for the fascinating lecture he gave to Muhimbili National Hospital Mloganzila staff in 2021 on Artificial Intelligence (AI). This was a very stimulating lecture. He was a kind of a person who cared a lot to those he knew, colleagues, friends and others. He would always take time with them despite his very tight schedules. He always spent time with colleagues and friends for lunch or dinner whenever in Dar es Salaam or Seoul-South Korea. I witnessed this while I visit Korea in October, 2022 but also when he visited Dar es Salaam.

Dr. Park was a man of promises. While complementing KOFIH protects on capacity building, he promised and made sure that he gets the best experts from South Korea on different specialist for Mloganzila. I will always remember him. May Dr. Parks Soul find peace and joy in the presence of the Lord, Amen.

Dr. Julieth Magandi
Deputy Executive Director Muhimbili National Hospital Mloganzila

저는 2021년에 처음으로 닥터 박을 알게 되었는데, 그가 탄자니아의 Mloganzila에 있는 Muhimbili National Hospital을 방문했을 때였습니다. 닥터 박은 다른 사람에게 자상하고 배려심이 많은 사람이었습니다. 그는 2021년에 Muhimbili National Hospital Mloganzila(MNH-M) 직원들에게 했던 인공지능(AI)에 대한 그의 열정적인 강의는 기억에 남을 것입니다. 매우 고무적인 강의였습니다. 그는 지인, 동료, 친구, 그리고 다른 사람들을 따뜻하게 돌보는 사람이었으며, 매우 바쁜 일정에도 불구하고 항상 동료들과 시간을 보내곤 했습니다.

그는 다르에스살람이나 서울에 있을 때마다 항상 동료 또는 친구들과 식사하곤 했는데, 저는 이러한 그의 모습을 제가 2022년 10월에 한국을 방문했을 때와 그가 다르에스살람을 방문했을 때도 그런 모습을 보았습니다.

닥터 박은 약속을 지키는 사람이었습니다. 그는 아프리카미래재단이 한국국제보건의료재단(KOFIH)의 역량 강화 프로그램을 운영하면서 사업의 효과를 보완하는 차원에서, 그는 MNH-M을 위해 한국의 다양한 전문가를 파견하겠다고 약속했으며, 그 약속을 지켰습니다. 저는 그를 항상 기억할 것입니다. 닥터 박의 영혼이 주님 앞에서 평화와 기쁨을 찾기를 기원합니다. 아멘.

줄리엣 마간디
탄자니아 무힘빌리 국립병원 음롱간질라 부원장

그리운 님

최원석

1984년 10월쯤에
님의 내과 수련의 시절 치대본과생이던
나의 고민을 들어주시며
송도 앞바다가 내려다보이는 내과 의국에서
배달 짜장면을 같이 먹었더랬습니다

2023년 10월 26일
말라위에서 한국에 일시 귀국했을 때
군포 지샘병원 식당에서 설렁탕을 먹으며
여비를 또 듬뿍 주셨습니다
나의 네팔 시절과 베트남 시절에 주셨던 것처럼

2023년 11월 5일
님의 시계가 뚝 멈춰졌습니다
어둠이 쉼표를 덮고 밤으로 마침표가 되었습니다
우리는 베트남 다낭 해변에 앉아서

님을 생각하며 꺼이꺼이 울었습니다
65년 님을 본향으로 돌려보내실 때에
잠시 꿈이 아닌가 하였습니다
그 님은 진토 속으로 홀연히 가셨습니다
보름달 환한 얼굴로 내 손에 릴레이 바톤 넘겨주시고
하늘 나라로 훌쩍 떠나신 숭고한 박 원장님
그리워라

최원석
말라위 선교사
치과의사

압도적 활약

이종섭

2006년 오랫동안 스와질랜드에서(당시의 국명, 지금은 에스와티니로 바뀌었다.) 사역하시던 아프리카 대륙선교회의 김종양 선교사님이 필자가 근무하고 있던 샘병원에 찾아오셔서 의과대학이 없어 에이즈 발생률 세계 1위인 스와질랜드에 의과대학을 같이 설립하자고 제안하셨습니다. 그런 제안에 샘병원에서는 이상택, 황영희 설립자 이사장 내외분, 박상은 대표님 및 저와 여러분이 함께 스와질랜드를 방문하게 되었고 그 취지에 동의하여 2007년에 아프리카미래재단이 설립되었습니다.

2008년 박상은 대표님의 제안으로 캐나다 밴쿠버에서 아프리카미래재단 워크숍이 열렸고 미국지부장 박형동 선생님, 캐나다 지부장 양승훈 교수님, 영국 지부장 김상효 선생님, 그리고 한국에서 샘병원과 아프리카 대륙선교회에서 여러분이 참석하였습니다. 저는 그때 영국에서 선교 훈련받고 있었고 영국지부 총무 자격으로 참석하였는데 핵심 주제는 '깨지지 않도록 하나되어야 한다.'라는 것이었습니다.

그 후 아프리카미래재단과 아프리카대륙선교회는 스와질랜드에 의과대학을 세우기 위해서 별도로 노력하게 되었습니다. 그러나 박상은 대표님은 같은 국가에서 같은 사역을 두고 경쟁하는 것은 본이 되지 않는다고 판단하고 아프리카의 다른 국가에서 별개의 사역을 진행하기로 하였습니다.

2009년 필자는 영국에서 선교훈련을 받고 있었고, 실습으로 스와질랜드 나사렛병원에 가서 서울대병원에서 일하였던 김은정 간호사와 함께 아프리카미래재단에서 기증한 내시경으로 현지인 의사 두 명에게 내시경을 가르쳐주었습니다. 당시 아프리카 대륙선교회와 아프리카미래재단이 협력 관계가 소원해졌지만, 김종양 선교사님은 언제든 박상은 대표님과 다시 협력하고 싶다고 하셨습니다. 박상은 대표님도 인내를 가지고 스와질랜드에서 있다 보면 의과대학 프로젝트는 결국 진행될 수 있을 거라고 하셨기 때문에 필자 부부는 스와질랜드 나사렛병원에 취직하여 사역을 하려고 했습니다. 그러나 나사렛병원은 잘 사는 한국 의사들은 고용할 수 없다고 하여 저희 가족은 모금을 하여 2013년부터 아프리카 케냐로 가게 되었습니다.

이 훈련 기간 동안 스와질랜드뿐 아니라, 박상은 대표님이 샘병원을 통해 내시경을 기증하여 주신 말라위에서 현지 외과 의사에게 내시경을 가르칠 수 있었습니다. 이 때 만난 말라위 백영심 선교사님과의 대화를 통해 아프리카미래재단은 대양누가병원을 운영하는 것과 의과대학을 설립하고 운영하는 것을 도울 수 있게 됩니다. 2011년에 박상은 대표님이 샘병원에서 함께 일했던 감염내과 김은석 선교사님을 말라위로 보내주셔서 이 사역을 감당하게 되고, 혈액투석기와 정수시설도 이 때 말라위 대양누가병원에 기증하셨습니다. 연세대 누가회 출신이고 개발경제학을 전공한 김현철 교수님을 중심으로 KOICA 에이즈 예방 및 모자보건 증진사업인 '프로젝트 말라위'가 성공적으로 이루어졌으며, '프로젝트 말라위' 사업의 논문은 2018년에 저명한 미국의 '사이언

스'지에 등재가 됩니다.

현재 아프리카미래재단 이사장이신 최재걸 교수님은 박상은 대표님과 함께 말라위에 방문하셨다가 큰 감동을 받고, 2017년부터 말라위 대양 누가병원과 카무주센트럴병원에서 의료선교사로 오셔서 2020년까지 사역하셨습니다.

말라위의 이웃 나라인 짐바브웨에는 2012년에 박상은 대표님이 강동원,전진경 선생님 내외분을 의료 선교사로 보내셔서, 강동원 선교사님은 짐바브웨 국립의대에서 약리학을 가르치시고 전진경 선교사님은 멀티 클리닉을 설립하여 진료를 할 수 있었습니다. 그 당시 황영희 이사장님이 멀티 클리닉 설립을 위해 큰 금액을 기증하여 주셨습니다. 2012년에는 박상은 대표님이 유진화 선교사님을 짐바브웨로 보내 경기도 지원으로 레인함 퓨처 센터를 개원하여 방과후 학교를 운영하였습니다. 2016년부터 재단은 전진경 선교사의 주도로 그때까지 12년 동안 중단되었던 소아 심장 수술을 국내 의료진들과의 협력으로 재개하는 귀중한 성과를 이룩하였습니다. 2019년부터는 KOICA의 지원으로 소아재활 의료서비스 증진사업을 서울재활병원과 함께 하고 있습니다.

잠비아에서는 2014년에 박상은 대표님이 허일봉,전미령 선교사님 사역하시는 치소모 병원에 서울아동병원의 후원으로 아동 클리닉 지원사업을 하셨고 국제보건의료재단(KOFIH)의 지원을 받아서 의료기 지원센터를 준공하고 의료기기 유지보수와 의공학자 역량강화 사업을 진행하였습니다. 이것이 밑받침이 되어 제라 보건대학이 설립되는 계기가 됩니다. 잠비아에서 협력하시는 김홍규 선교사님의 현지 학생들로 구성된 세포합창단은 2018년부터 한국을 주기적으로 방문하여 큰 은혜를 끼쳤습니다.

박상은 대표님이 말라위, 짐바브웨, 잠비아 등 남부 아프리카에서 주로 사역을 하게 되면서 중남부 아프리카선교사회와 협력하게 되었고, 2016년에는 남아공에서 열린 중남부 아프리카선교사대회에 저도 박상은 대표님과 함께 참석하여 선교사님들 진료도 하였고, 이어서 협력 선교사님들과 본부직원 모두 함께 아프리카미래재단 10주년 기념 선교대회를 하였습니다.

2016년 우간다에서 의료 및 교육 사업을 진행하게 되고 병원사역을 위해 말라위에서 사역하시던 김은석 선교사님이 우간다로 이동하였고, 제약회사 경험이 많은 이정웅 선교사님과 샘병원 출신 류종걸 선교사님도 우간다로 오셔서 협력 사역하셨습니다.

2023년부터는 김덕 간호사 선교사님이 베데스다 병원에 오셔서 사역하고 계십니다.

바다건너 마다가스카르에서는 박상은 대표님이 고려대 의대 동문이신 이재훈 선교사님과 협력하여 2016년부터 병리과의사를 양성하는 '바오밥프로젝트'를 김한겸 교수님 및 대한세포병리학회와 함께 시행하여 마다가스카르 병리진단 시스템의 발전에 큰 업적을 남겼습니다. 2022년부터 KOICA와 함께 현지 의사들에게 지역사회 다빈도질환 치료에 특화된 의료인을 양성하는 '지역병원 맞춤형 통합의료전문의 양성사업'을 진행하였습니다.

탄자니아에서는 박상은 대표님이 초대 미국지부장으로 모신 박형동 선생님의 친구인 오종성 선교사님이 모시에서 2008년에 에이즈센터를 시작하셨고, 더 나은 환경에서 교육받을 수 있도록 도서관 건축등 청소년 교육지원사업을 지원하였습니다.

2019년부터는 박상은 대표님이 KOFIH의 지원으로 무힘빌리 국립병원 음롱간질라 캠퍼스 운영관리(컨설팅사업)를 맡아서 의료진 및 경영진 훈련을 진행하였고, 대구대학교와 함께 장애아동 인지재활 역량강화 사업을 현재 진행 중입니다.

에티오피아 명성병원에는 2008년에 박상은 대표님이 혈액투석기 10대를 지원하셨고, 샘병원에서 파견된 신장내과 현진남 선생님이 이를 관리하는 사역을 하셨습니다. 2013년에는 KOICA 교육지원사업을 하셨고, 2014년에는 KOFIH 모자보건 영양강화 프로젝트를 하셨습니다. 그 후에도 고대 동문인 박관태 선생님이 명성병원에 방문하여 수술 및 현지 의료진 교육훈련 사역을 담당하는 데 일조를 하셨습니다.

카메룬에서 2013년부터 샘병원 출신의 응급의학과 정중식 선생님이 KOICA 사업으로 진행한 응급의료시설 확충 및 의료진 교육 사업에 야운데 응급센터후원에 참여하였습니다.

케냐에서는 2013년부터 필자가 케냐타 국립병원 등에서 현지 의사들을 중심으로 내시경을 교육하는 사역을 하고 있고, 필자의 아내(김수현 선교사)는 투마이니 상담센터에서 아프리카 전체 선교사님들과 선교사 자녀들의 상담과 멤버 케어 사역을 하고 있습니다.

제가 안식년으로 미국에 있었던 2017년에는 박상은 대표님과 함께 한미의료선교대회에 참석하여 의료선교사들을 동원하였습니다. 박상은 대표님은 김홍식 이사장님과 함께 미주지부를 설립하고 확장해 가고 계셨습니다. 제가 있었던 시카고에도 오셔서 홍건 이사장님과 채영광 대표님과 함께 시카고 지부를 창립하셨습니다.

2024년에는 박상은 대표님 사후에 미주지부의 후원으로 아프리카미래재단 17주년 기념 선교대회를 짐바브웨에서 개최하여 고인을 기리고 함께 그분의 아프리카의 미래를 향한 비전을 이어 가기로 결단하는 시간을 가졌습니다.

아프리카미래재단이 양보했던 에스와티니 의과대학 프로젝트는 박상은 대표님의 염원대로 초창기에 워크숍을 이끌어 주셨던 양승훈 교수님이 총장으로 오시고, 박상은 대표님의 형님이신 박재형 교수님과 친구인 용태순 교수님이 교수진으로 오셔서 의과대학이 자리잡아가고 있고, 분당제일여성병원을 통해 아프리카미래재단이 큰 금액을 후원하고 있습니다.

박상은 대표님은 엄청난 포용력과 친화력으로 많은 우수한 선교사님들을 아프리카에 보내셨고, 그분들이 아프리카의 건강한 미래를 위해 일할 수 있도록 최대한 도우셨고, 힘들고 어려운 상황에서도 긍정적 자세를 잃지 않으셨고, 기도와 찬양 가운데 하나님 주신 능력으로 모든 사역을 감당하셨습니다.

이종섭
아프리카미래재단 부대표
전)케냐선교사

그와의 만남과 추억은
당연한 것이 아니라 은혜였다

김은석

 2025년 3월 중순의 어느 하루, 나는 볼리비아 아마존 깊숙이 자리 잡은 작은 도시인 과야라메린에 위치한 어느 허름한 보건소를 방문하고 난 후 숙소로 돌아와 박상은 원장님을 생각하면서 이 글을 쓰고 있다.
 박 원장님과 첫 만남은, 내가 2008년에 샘병원 감염내과 과장으로 부임하면서이다. 해외에서 의료 사역에 대한 비전을 갖고 있던 나에게, 샘병원은 그런 비전을 함께 이뤄갈 수 있는 가능성을 보여줬고, 그 중심에는 박 원장님이 계셨다.
 샘병원을 통해, 해마다 아프리카 지역으로 단기 선교를 갈 때마다, 늘 박 원장님과 동행하였고, 2011년 말라위 대양누가병원으로 의료 선교사로 파송받은 이후에도, 해마다 박 원장님은 말라위를 찾아오셨기에 만남을 지속할 수가 있었다.
 아프리카의 허름한 병원들과 마을들도 함께 많이 다녔다. 박 원장님은 허름한 병원을 둘러보시면서, 병원이 겪는 어려움을 파악하시고, 문제 해결책을 제시하시는 데 워낙 탁월하셨다. 그런 모습을 바라보던 나는 감탄을 금치 못하는 일이 많았다.
 사실, 내가 이후에 아프리카와 남미의 병원이나 보건소를 둘러볼 때마다, 항상 박 원장님과 같이 다녔던 때가 생각이 난다. 함께 둘러보면서, 그 병원의 어려움에 대해서 살펴보고, 어떻게 해결하는 것이 좋을지 의논하던 모습은, 이후에 20년 가까이 아프리카와 남미의 의료 현장과 지역 사회에서 활동하면서, 늘 나의 뇌리에 남아 있다.

그리고, 오늘도 그랬다. 남미 아마존에 있는 허름한 보건소에서, 어렵사리 보건소를 운영하고 있는 의료진들과 봉사자들의 모습을 보면서, 그들의 어려움을 듣고, 어떻게 해결해 나가야 할 것인지 의논하는 과정에서, 내 옆에는 박 원장님이 앉아계신 것 같은 착각이 들었다. 그만큼, 나에게는 현장에서 사역하면서, 그 분이 보여주신 헌신과 현지인들을 향한 사랑, 그리고 그렇게 오랜 기간 아프리카 전역을 다니면서 왕성하게 활동하셨던 그 분의 열정과 통찰력이 오랜 시간이 지나서도 여전히 내 삶과 활동 중에 살아남아, 영향력을 끼치고 있는 것이다. 내가 현지 직원들과 봉사자들에게 질문을 할 때마다, 박 원장님 이셨다면, 어떤 질문을 하셨을까 하는 생각을 하곤 한다.

오랜 기간, 아프리카에서 박 원장님과 함께 사역을 하면서, 항상 좋은 일만 있을 수는 없었다. 때로는 계획했던 대로 일이 흘러가지 않고, 곤경에 처하는 일도 꽤 생겼다. 그런데 지금 생각해 보면, 박 원장님의 진가는 어려운 일이 발생했을 때 발휘되곤 했던 것 같다. 박 원장님께서는 아무리 어렵고 복잡한 일이 생기더라도, 당황하시거나 화를 내는 일이 없으셨다. 어떻게 평정심을 저렇게도 유지할 수 있는 것인지 솔직히 의아한 마음이 들었다. 이젠 곁에 없으니, 그 비결을 여쭤볼 수가 없어서 너무나 아쉬운 마음뿐이다.

아프리카와 남미의 여러 현장에서 활동하고 지내면서, 어려운 상황을 만날 때에도 역시 늘 차분함을 유지하셨던 박 원장님의 모습을 떠올리면서, 내 마음을 누그러뜨리도록 애를 쓰고 있다.

이젠 이름이 에스와티니로 바뀐 스와질랜드의 언덕에서 모닥불을 피우고 담소를 나눴던 모습, 말라위 대양누가병원의 스텝 하우스에서 아프리카 의료 사역의 비전을 나눴던 모습, 우간다 빅토리아 호숫가에서 열띤 토론을 벌였던 기억, 에티오피아 아디스아바바 외곽의 마을을 다니면서 그곳의 주민들을 함께 둘러보던 모습은 이제는 더 이상 박 원장님과 함께 할 수 없는 기억의 순간들이 되고 말았다.

그때는 내년이면 또 다시 할 수 있을 연례 행사처럼 여기기도 했지만, 이제는 전혀 그렇지 않다. 그분과 함께 했던 여러 일들을 통해 내게 남겨진, 그분의 짙은 기억을 떠올리며, 주어진 사역들을 오롯이 박 원장님 없이 헤쳐 나가야 한다.

이상하게도, 박 원장님이 하신 말씀을 떠올리려고 기억을 더듬어 보는데, 그분의 하셨던 말씀보다는, 찬양을 하시던 박 원장님의 모습이 먼저 떠오른다. 아마도 찬양을 하시는 그 모습에서, 그분의 하나님을 향한 사랑과 그 사랑에 대한 표현, 그리고 그 감정이 나에게 더 잘 전달되었기 때문인 것 같다. 내가 기억하는 박 원장님의 마지막 찬양은 "은혜"라는 곡이다. 이 찬양의 가사처럼, 그 분과 함께 했던 약 17년간의 시간이 그때는 나에게 당연한 것으로 여겨졌지만, 지금 돌이켜 생각해보니, 그 모든 것이 당연한 것이 아니라, 하나님의 은혜였던 것 같다.

김은석
월드비전 보건 전문가 (페루, 볼리비아 아마존 지역)
말라위 대양누가병원 부원장 역임

제 인생을 바꾸셨죠

김현철

1996년, 저는 연세대학교 의과대학에 입학했습니다. 저는 한국누가회(CMF)라는 믿음의 공동체를 만나, '의료인이 세상에 어떻게 쓰임받을 수 있을까'를 고민하게 되었습니다. 의료 사회의 그리스도의 주되심, 그리고 세상에 대한 진지한 고민을 함께 나눌 수 있는 소중한 분들을 만났습니다.

1998년, 북한의 문이 처음 열리던 시기였습니다. 저도 당시 나진·선봉 지역에 들어가 일하고 싶다는 생각을 가지고 있었고, 같은 뜻을 가진 의사 선배들과 교류하고 있었습니다. CMF는 그러한 논의와 기도의 중심이 되는 공간이었습니다. 그러나 결국, 대한민국 국적을 가진 우리에게 북한의 문은 열리지 않았습니다.

그런데 이 모임에서 박 원장님을 처음 만났습니다. 조용하고 따뜻한 분이셨습니다. 진심으로 북한을 돕고 싶어하셨지만 길이 열리지 않자, 선생님은 아프리카로 방향을 돌리셨습니다. 이후 '아프리카미래재단'을 설립하시고, 아프리카 대륙을 위한 전인적 의료선교에 헌신하셨습니다. 그 여정에서 저는 다시 선생님을 만나게 됩니다.

의사였던 저는 2007년 경제학을 공부하기 위해 미국으로 떠났습니다. 경제학과 박사과정 2년 차 여름방학에 참석한 CMF 수련회에서 다시 박 원장님을 뵙게 되었습니다. 선생님은 저에게 "함께 아프리카에 가자"고 강권하셨습니다. 가난한 대학원 학생에게 비행기표를 끊어 주시며 함께 떠나자고 하셨고, 그렇게 저는 말라위에 첫 발을 내디뎠습니다. 그곳에서 대양누가병원을 기반으로 선생님께서 제안해 주신 보건 사업이 바로 "프로젝트 말라위"의 시작이었습니다.

프로젝트 말라위는 저와 서울대 김부열 교수, 고려대 김진호 교수가 함께 시작했습니다. 당시는 모두 대학원 학생이었습니다. 이 프로젝트는 한국 대학생 인턴과 말라위 현지 스태프가 함께 현상에 나가 HIV/AIDS 예방 활동과 모자보건 사업을 벌이고, 그 결과를 통계와 경제학적 분석을 통해 정책적으로 환류하는 새로운 형태의 국제 보건 사업이었습니다. 말라위 정부와 국제사회도 이 프로젝트의 학술적 가치를 높이 평가했습니다.

그 경험은 저의 연구자로서의 인생을 완전히 바꾸어 놓았습니다. 저는 이후 개발경제학자의 길을 걷게 되었고, 그 길 위에서 저는 현실의 개입과 과학적 분석을 결합하는 실험 기반 정책연구를 수행하게 되었습니다. 지금까지 제가 발표한 많은 논문이 아프리카에서 쓰여졌습니다. 말라위에서 사업을 하면서 작성된 대표적인 논문은 다음과 같습니다:

1. The Role of Education Interventions in Improving Economic Rationality (2018) – 중고등학교 여학생 교육 개입이 경제적 합리성에 미치는 영향을 다룬 이 논문은 저명한 학술지 Science에 실렸습니다. 저개발국가에서 중고등학교 교육을 받았을 때, 그들의 삶에 어떤

영향이 생기는지 연구된 바가 별로 없습니다. 저희는 중등교육을 받은 친구들이 성인이 되어서, 삶 가운데 더 올바른 판단을 하게 됨을 실험으로 보였습니다.

2. The Role of Career and Wage Incentives in Labor Productivity (2020) – 말라위에서 설문조사 요원을 뽑을 때, 어떻게 하면 좋은 사람을 뽑을 수 있을지 인센티브 구조를 분석한 논문입니다. 아프리카에서 NGO를 운영하면서 어떤 사람을 뽑을지 고민을 하게 되었는데, 아예 실험적으로 (인턴쉽, 고임금 등) 사람들을 뽑아보고 그 결과를 논문으로 썼습니다. 실제 회사에서 신입사원으로 어떤 사람을 채용할 것인가에 대한 해답을 제시했다고 볼 수 있습니다. 이 논문은 경제학 최고 학술지 중 하나인 Review of Economics and Statistics에 실렸습니다.

3. When Student Incentives Don't Work: Evidence from a Field Experiment in Malawi (2022) – 초등학생들에게 금전적으로 학습 동기를 부여하는 방식이 실제로 어떻게 실패할 수 있는지를 보여준 연구가 개발경제학계의 최고 학술지인 Journal of Development Economics에 실렸습니다. 공부를 잘하면 받을 수 있는 상금제도를 도입한 것이 오히려 공부를 못하는 학생들의 학습 의욕과 성취를 저해할 수 있다는 논문입니다. 저개발 국가뿐 아니라 선진국의 인센티브 중심의 교육방식에 대한 경종을 울렸습니다.

저는 이러한 연구들을 모아서 『경제학이 필요한 순간 (김영사, 2023)』이라는 대중서를 썼습니다. 이 책에서 저는 수년간 수행한 정책 실험들을 소개하며, 그 배경이 된 현장의 이야기들도 함께 담았습니다. 그리고 이 모든 연구가 가능했던 이유 중 하나로, 아프리카미래재단과 박상은 원장님의 지원과 동행을 반드시 기억하고 싶습니다. 그는 국제 개발에 중요한 연구를 가능케 하신 분이었습니다.

박상은 원장님께서 베트남 다낭에서 선교 사역 중 사고로 갑작스럽게 세상을 떠나셨다는 믿기지 않은 소식을 들은 지 벌써 1년이 지났습니다. 박상은 원장님 장례식 당일은 사실 저와의 점심 약속이 있었습니다. 점심 식사가 아닌 상례식장에서 마주해야 한다는 사실이 너무나 가슴 아팠습니다.

그분은 단지 의사, 선교사, 혹은 NGO 활동가를 넘어, 기도하는 지성인이었고, 조용한 혁명가였으며, 제 인생에 가장 깊은 발자취를 남긴 길잡이였습니다. 박상은 원장님의 안식을 기도하며, 그의 비전과 정신이 제 안에서, 그리고 우리가 만들어갈 세상 속에서 계속 살아가기를 소망합니다.

김현철
연세의대 교수, 연세대학교 인구와 인재 연구원장
전)코넬대학교 교수, 전)홍콩 과기대 교수, 저서: 『경제학이 필요한 순간』

하나님의 계획하심

이경호

미국 예수 전도단 선교 훈련을 마치고 고신의과 대학에 복학했을 때, 우연히 고신의대 선교 모임에 나갔다가 얼떨결에 고신의대 선교협의회 회장을 맡게 되었습니다. 뭔가 뛰어나서 맡은 게 아니라 사실 아무도 하려는 사람이 없어서가 아닐까 생각이 듭니다.

고신의대 선교 행사 관련해서 선교에 관심을 갖는 간호대와 의대 학생들에게 도전을 줄 수 있는 강사를 찾던 중, 선교협의회 회장 자격으로 당시 북한 선교에 매진하고 계시던 박상은 대표와 연락을 하게 되었습니다. 그렇게 첫 만남이 시작되었고, 그 이후 박상은 대표가 북한 선교에 관한 영상들과 강의들을 여러 번 들으면서 이 분이 안양에 있는 샘병원 원장이라는 것도 알게 되었습니다.

그의 선교에 열심인 모습에 도전이 되었고, 졸업 후 의료인으로서 선교를 향한 나의 모습을 그려 보기도 하였습니다. 그 후 학생 실습으로 안양 샘병원에 가서 실습을 하였고, 그렇게 시간이 흘러 하나님의 준비하심으로 미국으로 USMLE 시험을 통과하게 되었습니다.

우여곡절 끝에 New Mexico 주에 있는 병원으로 와서 가정의학과 수련 이후, 뉴멕시코주와 미네소타주에 있는 응급실에서 8년 정도 근무를 하게 되었습니다.

항상 마음에 선교에 관한 하나님께 한 약속과 예수님에게 진 빚이 있기에 미국에서 신분이 해결되면 본격적으로 의료선교에 참여하기로 하고 기도하던 중에 박상은 대표와 연락이 닿게 되었습니다. 그때가 2019년이었고, 그해 개인적으로는 아틀란타에 행복한 가정의학과라는 개인 클리닉을 오픈하게 되었습니다.

이후 아프리카미래재단 아틀란타 지부 설립을 위해 일하던 중, 이듬해 COVID-19로 인해 거의 모든 것이 멈추었지만 2022년 7월 드디어 아틀란타에 아프리카미래재단 지부가 세워지게 되었고 본격적인 활동과 커뮤니케이션이 시작되었습니다.

AFF 아틀란타지부는 콩고민주공화국(DR Congo)에 최관신 선교사님과 협력하여 간호대학을 지원하면서 Bunyakiri라는 인구 34만의 콩고 정글속에 예수병원을 건립하게 되었습니다. 이 프로젝트는 2023년에 시작되었는데 1년 만인 9월에 콩고를 방문하게 되었습니다. 정글속에 지어진 예수 병원이라는 이름이 참 귀하고 소중하다고 생각했고, 또 많은 생명들이 그 곳에서 태어나고 구해지고 있는 모습을 보고 돌아왔습니다. 참으로 열악한 환경에서 콩고 의료진과 직원들이 열심히 생명을 구하기 위해 밤낮으로 일하는 모습에 가슴이 뭉클하기도 했습니다.

서울에서 태어나서 부산에서 학업을 마치고, 미국으로 와서 정착한 후 박상은 대표를 만나며 그 비전을 이어받게 되고 아프리카까지 그것도 콩고 정글에 병원을 건립하리라고 누가 예상을 했겠습니까. 그 크신 하나님의 계획 속에 들어 있는 저는 그 역할을 다 할 뿐이라는 생각뿐이고, 짧지만 굵은 박상은 대표와의 인연도 여전히 하나님의 계획하심이라고 믿습니다.

박상은이라는 작은 겨자씨가 17년 전에 아프리카에 뿌려져서 지금은 큰 나무가 되고 숲이 되어 있음을 이번 선교대회 기간 동안 목도하였습니다. 제가 받은 달란트에 충성하면 하나님께서 더 많은 달란트를 주시리라 믿고 앞으로 아프리카 사역에 매진하여 지원하는 후방 선교 보급 부대의 역할을 다하리라 다짐합니다.

앞으로 하나님의 아미재를 향한 계획, 나아가 나를 향한 계획이 어떤지 자세히 알지는 못하지만 하나님께서 크고 비밀한 것을 준비한 것임에는 틀림이 없다고 확신하고 있습니다.

이경호
아틀란타 행복한 가정의학과 원장
아프리카미래재단 아틀란타 지부 대표

만날수록 기쁨이 샘솟는 사람

최재걸

만나면 만날수록 기쁨이 샘솟고 다시 만나고 싶은 사람이 있다. 내가 존경하고 따르고자 했던 선배이며 선생이며 친구였던 분이 있다. 그는 항상 밝은 얼굴로 후배들을 이끌어 주었고 낮은 곳에서 아픈 사람들을 돌보아주던 분이다.

의대에 입학한 후 고등학교 신입생 환영회에서 처음 만난 형은 맑고 인자했고 후배를 위하여 좋은 것을 주려고 하던 선배였다. 형은 어리숙한 새내기 의대생에게 대학 문화와 낭만을 가르쳐 주었고, 좌중을 집중하게 하는 명랑함과 사람들을 포용하는 리더십을 보여주어 내가 따르고 배우고자 하였다.

졸업 후 형은 부산으로 내려가서 장기려 박사 밑에서 전공의 훈련을 받았다. 형은 의료 선교에 뜻을 두고 있었다. 그 당시 나는 그런 형을 이해하지 못했다.

그렇게 한동안 만나지 못하다 내가 교수가 된 다음에 형을 다시 만나게 되었다. 형이 장로로 있는 교회에서 한 달에 한 번 나가는 의료봉사에 참여하면서 형의 예수 믿는 믿음 생활에서 드러나는 즐거움에 자꾸 이끌리게 되었고 학생 때처럼 배우고 싶었다. 그는 예수 믿으라고 적극적으로 말하지 않으면서도 은연중 나를 예수라는 비에 젖도록 만들었다. 그렇게 형으로 인하여 하나님을 만나게 되었다. 형이 아니었으면 아직도 내가 하나님을 만나지 못했을 것 같은 아찔함이 있다.

예수님을 구주로 확신하고 믿고 신앙의 여정에 들어간 다음에는 그가 가진 신앙의 깊이와 넓이와 의료 선교에 대한 열정을 배우고 싶었다. 형은 아프리카에 병원을 세우고 의과대학을 세워서 소외되고 제대로 된 치료를 받지 못하고 있는 아프리카 사람들을 위하여 의료 선교에 뜻을 두고 매진하였다. 내가 아프리카를 처음 가게 되었을 때 염려하며 걱정하던 나에게 아프리카를 수도 없이 오고 갔던 형은 아프리카가 먼 곳이 아니라 우리나라에서 큰 호수 하나만 건너면 된다고 늘 농담처럼 얘기하곤 했다. 그렇게 아프리카를 여러 번 방문하였고, 아프리카에 관심을 가지고 의료 선교에 조금씩 발을 담그기 시작한 후에는 동역자로서 같이 활동을 하게 되었다.

내가 나온 의과대학을 세운 사람은 로제타 홀 선교사이다. 그녀는 의과대학을 졸업할 때 학교에 찾아온 인도 선교사의 "네가 인류를 위해 봉사하기를 원한다면 아무도 가려 하지 않는 곳으로 가서 아무도 하려 하지 않는 일을 하라."라는 강연을 듣고 아무도 가려 하지 않았던 조선에 오게 되었다. 그처럼 형은 아무도 가려 하지 않는 곳에 가서 아무도 하려 하지 않는 일을 해왔다.

형과 같이 동행했던 첫 번째 아프리카 여행에서 경유지인 남아공의 요하네스버그 공항에서 벽에 이런 문구가 쓰여 있는 것을 보았다. "빨리 가려면 혼자 가고, 멀리 가려면 같이 가라."

말라위에서, 에티오피아에서, 마다가스카르에서, 짐바브웨에서, 아프리카 곳곳을 같이 다니며 삶을 나누는 깊은 대화를 하며 인생의 비전을 나누며 하나님과 동행하는 즐거움을 맛보았다. 아프리카 의료 선교라는 장거리 마라톤을 뛰기 위하여 인생의 후반에 오래오래 아프리카 의료 선교라는 짐을 같이 지고자 하였다.

상은 형이 항상 얘기하던 인생의 세 가지 중요한 것을 떠올려 본다.

첫 번째는 하나님이 나를 보내셨다는 의식이다. 어디에 있던지 보냄받은 선교사(life is mission)의 삶을 살라는 것이다. 하나님은 삶의 현장에서 삶 자체가 예배가 되기를 원하신다. 선교사로 가지 않더라도 사랑을 전해주고, 하루하루 주님을 닮아가는 것, 그것이 선교인의 삶이다.

두 번째는 비교 의식으로부터의 자유이다. 남이 가진 것이나 남이 이룬 성취와 비교하지 말고 내게 주신 하나님의 부르심에 충실하자는 것이다.

세 번째는 우선 순위를 정하라는 것이다. 급한 일보다는 중요한 일을 하자. 하나님이 우리를 이 땅에 보낸 목적을 잊고 급한 일을 하기 위해서 시간을 다 쓰고 있지나 않은 지 돌아보아야 한다. 중요한 일은 영원한 것이고 영원한 것은 성경에 기록된 하나님의 말씀이다.

그러던 형이 의료 선교 도중에 갑자기 하나님의 부르심을 받았다. 너무나 뜻밖이었고 믿어지지 않아서 '왜'라는 질문을 수도 없이 하나님께 하였다. 인생의 고비마다 큰 버팀목이 돼 주었던 분이었는데 이제는 어려운 일이 닥쳐도 도움을 구하거나 물어볼 사람이 없다.

형이 있으면 더 잘 할 수 있을 텐데, 아직도 물어볼 것이 많은데 그것을 대답해 줄 좋은 스승이고 친구인 형이 이제는 없다는 것이 가슴이 뻥 뚫린 것처럼 너무나 시리고 아프다.

멀리 가려면 같이 가야 하는데 이제 같이 갈 사람이 없다. 내가 몇 년 전이 아니라 지금이었다면 상은 형도 없는 이때 과연 아프리카로 의료

선교를 나갈 용기를 낼 수 있었을까 자문한다. 그때 명예퇴직을 하지 않았다면 지금 실제의 정년을 앞두고 과연 아프리카 의료 선교의 길에 들어설 용기가 있었을까 자문해 본다. 정년을 기다리다가 때를 놓치고, 그러다 병이 나게 되어서 더욱 가기 힘들지 않았을까 생각한다.

오래전에 받았던 상은 형의 메일처럼 '나그네 인생길 가운데 사랑하는 사람과 아프리카를 걸을 수 있었다는 것이 하나님의 축복이고 선물인 것 같다. 이제 형은 내 옆에 없지만 형이 해왔던 아프리카의 의료 선교를 위하여 동역하는 일들을 계속 하고자 한다.

최재걸
아프리카미래재단 이사장
고려대 의대 명예교수

못 다하신 일을 맡아서

홍건

저는 박상은 원장님을 선교 현장인 에티오피아 명성병원에 아프리카 미래재단 관계자분들과 오셨을때 처음 만나뵙고 교제를 나누게 되었습니다. 항상 웃음을 띈 인자한 모습으로 아무리 바쁘셔도 대화에 문을 열고 귀담아 주시고 애로 사항을 들어주시며 귀한 조언을 해주셨습니다.

그렇게 여러 해를 지내고 군포 지샘병원의 영상의학과 인터벤션 전문 남덕호 교수님을 찾아가 중재적시술로 간암을 치료하는 기술을 추가로 연수 받기 위하여 귀국하려고 했을 때, 흔쾌히 게스트하우스와 직원식당에서 하루 세끼 식사까지 배려를 해 주셨기에 마음 놓고 한달 가량 (체류하면서–생략) 기술을 연마할 수 있었습니다.

또한 그후 에티오피아에서 그린 작품들을 가지고 한국에서 전시회를 계획할 때에 모처럼 한국에서 아프리카의 풍경들과 병원에서 환자를 치료하는 모습을 담은 작품들을 지샘병원 로비에서 전시할 기회도 주셨습니다.

박상은 원장님이 불의의 뜻하지 않던 사고로 소천하신 때에 저는 마침 서 아프리카 Ghana 선교지에 있다가 비보를 들었기에 선교지에서 일어날 수 있는 사고등의 어려운 점을 새삼스레 느꼈고, 시카고의 집사람한테 비보를 전하며 왜 하나님께서 앞으로 더욱 할 일이 많은 원장님을 데려 가셨는지 원망이 되었지만, 남은 유가족들에게 성령님의 위로하심을 간절히 기도하였습니다.

이제 벌써 추모 1주기를 넘기면서 남은 우리들이 원장님이 못 다하신 일을 맡아서 충성껏 최선을 다해야겠다는 다짐을 하여 봅니다.

홍건
에티오피아 명성병원 의료선교사 역임

제3부

+

그는 이 세상을
어떻게 살았을까

헌신의 유산을 남겨주신 멘토

채영광

원장님을 생각하면 원장님의 미소가 떠오른다. 원장님의 인자한 표정과 나긋나긋한 목소리가 지금도 들리는 듯하다. 재단을 방문했을 때 친절하게 설명해주시던 모습, 아프리카를 향한 자신의 꿈을 설레며 이야기 해 주시는 모습이 지금도 선하다.

열린문교회에서 우연히 뵙고 함께 기뻐하던 때가 엊그제 같은데 하나님께서 원장님을 급하게 부르셨다. 참 안타깝고 슬펐다. 원장님을 통해 하나님의 사랑을 깨달을 수많은 영혼들이 떠올랐다. 젊은 의사들에게 예수님 사랑하는 의사의 좋은 롤모델이 되어 주셨는데, 이제는 더 이상 함께 할 수 없다는 생각에 그리움이 크다.

원장님에게 부어주신 하나님의 영감과 역사하신 그 능력을 사모한다. 원장님의 삶에 함께 하셨던 하나님이 원장님께로부터 좋은 영향을 받았던 수많은 후배 의사들에게 동일한 영감과 능력이 임하기를 기도한다. 원장님이 이 세상에 남겨주신 헌신의 유산이 나를 포함한 의사들에게 살아 있음을 고백한다.

채영광
AFF 시카고지부 대표, 노스웨스턴의대 혈액종양내과 교수

북한선교를 꿈꾸던 박상은 장로

박은조

제가 박 장로님을 처음 만난 때는 1990년대 중반 무렵입니다. 당시 제가 섬기던 한민족복지재단에서 북한 나진 선봉 인민병원으로 의사, 약사, 물리치료사 등 8명의 의료진을 보내는 일을 북한과 남한 정부로부터 허락을 받았습니다. 우리는 그들을 북한 선교사로 파송하기로 했고, 파송 자원자 중에 박 장로님이 있었습니다.

그들은 500베드 규모의 인민병원으로 가서 섬기기로 하고, 모든 훈련을 다 마친 후 파송 예배까지 드렸습니다. 물론 북한의 변심 때문에 파송은 무산되었지만, 박 장로님을 비롯한 귀한 분들을 만나 북한 선교를 구체적으로 꿈꾸었던 그 날들은 가슴 벅찬 추억으로 남아 있습니다.

몇 년이 지나 제가 샘물교회를 개척할 때 박 장로님이 나타났습니다. 어떻게 된 일이냐고 묻는 제게 분당으로 이사를 왔다고 답했습니다. 나중에 알고 보니까 개척에 동참하기 위해서 작정하고 오신 것이었습니다. 함께 교회를 섬기면서 보여준 박 장로님의 믿음과 성실함과 봉사 정신은, 제가 평생 만난 많은 성도 중 단연 첫손에 꼽을 정도의 귀한 모범이었습니다.

"목사님, 오늘 12번째 주일입니다."

어느 주일에 부목사님 한 분이 제게 이렇게 말했습니다.
"무슨 말이지요?"
묻는 저에게 돌아온 답은 이랬습니다.
"박상은 집사님이 전도한 분이 지난 12주일 동안 한 주일도 빠지지 않고 계속 등록하고 있습니다. 우리가 기록을 세고 있습니다."

그 연속 기록이 20주 정도까지 계속되었던 기억이 남아 있습니다. 박 장로님의 구령의 열정은 참 대단했습니다. 그 열정으로 시간 날 때마다 국내외 선교 여행을 하고, 아프리카를 가슴에 품었던 것은, 그에게 너무 당연하고 자연스러운 일이었습니다.

박 장로님은 자신이 "나가지 못한 선교사"라고 자주 표현했습니다. 오엠 로고스 선교선을 타기 원했으나, 의사는 이미 있기 때문에 함께 하지 못한다는 답이 왔다는 것입니다. 그 때 갑판 청소부로라도 합류했어야 했는데 그러지 못했다고 안타까워하는 말을 종종 했습니다. 항상 선교적 삶의 태도로 사는 그를 성도들은 당연히 존경할 수밖에 없었습니다. 샘물교회가 1기 장로님들을 세울 때 그는 최연소 장로로 선임되었습니다. 함께 교회를 섬기면서 경험한 그는, 개인적으로는 목사를 누구보다 잘 이해하는 신앙인이었고, 교회적으로는 가장 모범적인 리더였습니다.

박 장로님이 우리 곁을 떠난 지가 벌써 일 년이 되었습니다. 그곳에서 주님과 함께 그리고 부모님과 함께, 기쁨과 영광의 날을 보내고 있을 것을 믿습니다. 곧 머잖아 거기에서 뵐 날을 고대하고 있습니다.

박은조
은혜샘물교회 은퇴목사, 아프간 선교회, 중국 선교회 이사장, 한동대 석좌교수, 교목실장

친구 박상은과 예수시대

나삼진

첫 만남

내가 친구 박상은을 처음 만난 것은 1983년 12월 결혼을 하면서부터다. 아내가 간호대학을 졸업하고 고신대학교 복음병원 간호사로 일하고 있었는데, 고려대 의대를 막 졸업한 그가 장기려 박사에게서 배우기 위해 복음병원까지 내려와 인턴과 레지던트를 시작한 것이 계기가 되었다.

그 시기에 박상은은 친구 양승봉과 함께 고신의료원(복음병원) 수련의로 있으면서, 수련의의 바쁜 일정 가운데서도 간호사와 직원들과 함께 환우들을 위해 봉사하기 위해 '복음중창단'을 조직해 병실 찬양을 하였고, '이동도서'를 열어 신앙적인 도서들을 환자들에게 나누는 것을 함께 봉사했다. 아내는 두 모임에 모두 열성당원이었다. 나의 결혼식 때 축가를 불렀던 복음중창단을 우리 집에 초대하였는데, 그것이 실질적인 첫 대면이었다.

그는 의대 재학중 누가회와 CMF를 통해 그리스도인 의학도를 하나로 묶었고, 이후 한국 교회의 의료선교의 기초를 놓았고, 이후 평생 북한 사역과 아프리카 사역을 하였으며, 친구 양승봉은 네팔과 베트남에서 평생을 의료선교사로 신실하게 봉사하였다.

기독교문화운동 예수시대

우리가 만난 때는 한국 교회 100주년을 보내면서 100년의 역사를 축하하고, 반성하는 시기였다. 그 시기에 부산의 기독청년들은 청년연합회 등의 모임이 많았지만, 새로운 모임을 생각하였다. 한국 교회를 생각하며 가장 열악한 것이 기독교 문화의 정착이라는 생각을 하면서 30대 청년들이 부산에서 '예수시대'라는 기독교 문화 운동을 시작하였다.

참여자들은 반 년 정도의 준비를 거쳐 연구과제를 정하고, 1988년 1월에 시작되었다. 1987년 가을부터 논의를 시작하고 구체화하여 고신대학교 의과대학과 신학대학원이 있던 송도에서 준비모임을 하였다. 처음에는 책 읽기와 글쓰기를 좋아하던 이들 몇이 격월간 잡지를 내어 그리스도인 청년들의 의식을 일깨우는 공론의 장으로 만들자는 논의에서 시작되었다.

준비 과정에서 이를 조금 더 확장하기로 하고 부산의 의식 있는 청년들을 추천하여 예수시대 동인으로 발전되었다. 그러면서 박상은도 함께 합류하였다. 동인들은 1988년 1월 11일에 부산 석화그릴에서 첫 모임을 가진 이래, 매월 책 읽기, 독서 토론, 전문분야 사역 발표, 공개강연회 등의 시간을 가졌다. 당시의 친구들은 삶에서 가장 분주하던 30대 청년기였다. 부산의 청년들이 모여 '예수 시대'를 꿈꾸고 열고자 한 것이었다.

이 모임에 함께 한 친구들은 오늘날 가정사역자 대표격인 송길원 고신의대 교목, 훗날 대법관을 지낸 김신 부산지방법원 판사, 강승철 부산일보 기자, 권영재 정신신경과병원장, 고신대 총장을 지낸 안민 교수, 동아대 철학과 박경태 교수, 부산대 김경천 교수, 부산문화재단 이사장을 지낸 문학평론가 남송우 부경대 교수, 서울영동교회 담임이 된 정현구 목사, 복음병원 김성인 선생, 조금 늦게 합류하였지만 고신대 교수를 지낸 시인 박춘덕 교수 등이었다. 나는 고신대학 신학대학원에 사무실을 둔 총회교육위원회 대표간사로 있었다.

청년들이 먼저 배우고자 한 '예수시대'는 한 해 동안 자신의 전문 분야를 중심으로 연구 발표와 토론을 가졌다. 먼저 예수시대의 취지와 방향을 설정하는 연구모임을 가졌는데, 김성인이 '이 시대를 바라보는 젊은이들의 생각', 내가 '예수시대와 하나님 나라', 송길원이 '예수시대의 자각과 푯대'를 발표해 예수시대의 방향을 제시하였고, 그를 기초로 교육, 선교, 과학, 기술, 출판문화, 문학, 음악, 사회과학 등 각 분야에서 전문성을 가진 동인들이 분야별로 글을 썼다. 이것이 『예수 시대와 기독교 문화』라는 이름의 단행본으로 간행되었다.

예수시대는 이런 논의를 바탕으로 네 개 항의 '예수시대의 신앙고백'을 작성, 운동의 방향성을 표명하였다. 1988년 7월에는 회보 〈예수시대〉를 간행하였고, 내가 편집의 책임을 맡았다. 그와 함께 '삶과 인식, 말씀과 삶, 사회와 현실, 과학과 기술, 문화와 예술, 역사, 가정과 자녀 교육, 교회와 선교' 등 여덟 가지 주제에 맞추어 소책자를 간행하기로 하였다.

예수시대 동인은 매월 한 차례 정기적으로 일과를 마치고 6시 30분에 모이면 간단한 식사와 함께 세 시간 반에 걸쳐 연구 발표를 하고 진지한 토론 시간을 가졌다. 수련의 과정을 마치고 박상은은 군의관으로 입대하였고, 마산 국군통합병원에 근무할 때도 부산까지 나와 모임에 함께했다. 그는 1988년 10월에 '성경적 관점에서 본 낙태'를 발표하였는데, 낙태에 대한 비디오 '침묵의 절규'라는 비디오를 시청하기도 했다. 장기려 박사에게서 배운 박상은의 생명윤리는 이즈음 발아되었고, 그의 발표문을 정리해 『성경적 관점에서 본 낙태』를 소책자로 펴냈다. 이것이 박상은이 쓴 첫 책이 되었다.

그때 부산의 청년들은 인생에서 가장 바쁜 시기를 살고 있었지만, 책을 읽고, 토론을 하고, 강연회를 열고, 회보를 간행하였다. 그때는 동인들이 각 분야에서 안정된 자리가 보장되었지만, 이에 만족하지 않고 연구와 토론과 헌신으로 지치지 않는 젊음을 구가했다.

예수시대는 해마다 봄과 가을에 두 차례 초청강연회를 가졌는데, '하나님이 주신 가정'을 주제로 양은순, 김수지, 최중옥 교수를 초청해 가정의 중요성을 일깨웠고, '기독교 여름 사상강좌'에 한국을 방문 중이던 폴 마샬 교수를 초청해 사회적, 경제적 정의 문제를 다루었으며, 한국교회의 안타까운 모습을 생각하며 '하나님이 기뻐하시는 교회'라는 주제로 합동신학교 김명혁 박사와 경향신문 편집국장을 역임하고 한경직 목사를 도와 일하던 한국기독교백주년 기념사업회 김경래 국장을 초청해 강연회를 열었다. '곳곳에 하나님 나라를'이라는 주제로 고신대학 학장 전호진 박사와 계명대학교 강영안 교수를 강사로 나서기도 했다. 공개강좌는 부동산 문제가 심각하던 당시에 고왕인, 이만열, 김세열 박사를 초청해 땅과 부의 분배 문제를 토론하기도 하였다.

예수시대의 이러한 활동은 당시 부산의 청년들에게는 신선한 충격으로 받아들여져 강연회마다 많은 참여가 있었다. '예수시대'는 당시 부산의 젊은이들에게 상당한 영향력을 미쳤고. 서울을 떠나 답답하였던 박상은도 무척 행복한 시절이었다. 이러한 활동과 함께 예수시대가 중심이 되어 부산 기독교윤리실천운동이 조직되었고, 훗날 각각의 분주한 일정으로 예수시대 모임을 중단하기로 했을 때, 많지 않던 자산으로 사무실을 얻어 부산 기윤실을 비롯한 기독교 연합 기관 사무실로 무상으로 제공해 주었다.

국민일보는 이런 청년들의 활동을 주목하고 '기독교 문화 새바람, 30대 새바람 예수시대 동인'으로 전면 박스 기사로 소개하기도 하였다. 예수시대는 기독교세계관 학교를 운영하기로 하였다. 30대의 가장 분주하던 시기에 부산지역의 젊은 청년들이 의기투합하여 모였고, 후배 청년들에게서 특별한 반응을 얻었다. 그렇게 몇 년을 보내면서 우리는 자신의 전문분야 외에 인근 분야에서 일하던 이들의 생각을 들으면서 의식을 깨우치게 되었고, 우리의 생각이 매우 통합적으로 발전했다. 당시 우리 동인들은 각기 전문성을 갖추었지만, 이후 상당수가 각 분야에서 괄목할 만한 업적을 남긴 것은 30대 청춘으로서 이렇게 준비한 것이 그 기초가 되었다고도 할 수 있다. 박상은과 우리는 '예수시대'에서 그렇게 함께 성장하고 있었다. 그때가 1988년 가을이었으니 거의 40년 전의 일이다.

미국과 서울에서의 만남

군복무를 마친 박상은은 다시 고신의대에 교수로 복귀하였는데, 나는 1992년 1월 미국 유학을 갔고, 얼마 지나지 않아 학내 사태가 일어나면서 마음에 상처를 받았는지 대학을 떠나 CMF 사역을 위해 서울로 올라갔다. 그리고 내가 2년 반의 유학을 마치고 귀국길에 1994년 6월 미국 동부로 여행을 하였고, 그가 미국 연수를 시작하면서 필라델피아에서 조우해 두 가족이 이틀을 함께 보내며 그동안의 삶을 나누는 시간을 가졌다.

이후 예수시대 모임을 계속하지 못했는데, 동인들이 각각의 전문분야로 확산되었다고 할 수 있다. 1994년 내가 유학을 마치고 서울로 이주하였고, 그도 미국 유학을 마치고 안양샘병원에 자리를 잡아 서울에서 가끔 만났다. 예수시대 동인들이 각각 삶이 안정되면서 자연스럽게 서울과 부산에서 다시 예수 시대로 모였다. 서울 모임은 박상은과 함께 서울영동교회 정현구 목사, 대법관 김신 판사, 하이패밀리 송길원 목사, 총회교육원장 나삼진 목사가 함께 하였고, 부산의 동인들도 정기적으로 자리를 함께 했다. 또 서울의 동인들이 부산을 방문하면 그를 기회로 부산에서도 만나 그동안의 삶을 나누곤 하였다.

미국 아프리카미래재단 시작

친구 박상은은 생애 중 지난 16년 동안 샘병원 원장으로, 혹은 미션 원장으로 있으면서 아프리카미래재단에 올인하다시피 했다. 그의 아내와 자녀들이 우선순위에 밀리곤 하였을 것이지만, 가족들도 전적으로 이해하고 협력하였다. 그는 지치지 않고 아프리카 여러 나라를 드나들었는데, 그는 50번까지 세다가 더 이상 세지 않았다고 했다. 왕복으로 계산하면 스무 시간의 긴 비행거리를 족히 120번은 다녔을 것이다. 이렇게 그의 아프리카 사역에는 끝이 없었고, 그러한 희생 위에 아프리카미래재단은 지금 아프리카를 돕는 강소 NGO가 되었다.

나는 28년 6개월의 총회교육원 사역을 마치고 2014년 5월에 미국으로 이주하면서 그와의 만남이 더 이상 어려운 듯했다. 그런데 내가 미국으로 이주한 후 간호사로 일하는 아내와 함께 의료선교에 관심을 갖고 2014년 한미의료선교대회에 참가하였고, 그때 한국의료선교협의회의 대표로서 강사로 참여한 그를 다시 만났다. 그가 해마다 지금은

GMMA로 이름이 바뀐 의료선교대회에 강사로 미국에 오면서 아프리카미래재단을 미국에서도 시작해야겠으니 함께 해 주었으면 좋겠다는 요청을 했다. 나는 개척교회를 하며 작은 연구소를 운영하던 시절이라 쉽게 응답할 수 없었다.

몇 년이 지나 나의 사역이 안정되면서 2019년 4월에 아프리카미래재단 법인 등록을 하고, 몇 가지 준비를 거쳐 9월 21일 남가주사랑의교회에서 미주본부 출범 감사예배를 드렸다. 나는 그렇게 시작된 아프리카미래재단 미국법인 사무총장으로 일하게 되었는데, 벌써 6년이 되었다. 그동안 아프리카를 세 차례 방문하였고, 미국본부는 잠비아 제라보건대학 강의동과 강당동 건축을 지원하였고, 강당동 건축에는 박상은의 형제들이 모인 영파선교회와 협력하여 건축하고 헌당하였다.

온 세계를 멈추게 만들었던 COVID-19 펜데믹의 엄혹한 시기조차도 제라보건대학을 시작하게 되고, 3년 동안 모든 설비를 갖추어 잠비아의 특성화된 보건대학으로, 국가고시 시험장으로 활용될 정도로 성장하였고 첫 졸업생도 배출했다. 그동안 아프리카미래재단 미국법인이 마다가스카르 공중보건 사역, 니제르 학교 사역, 이집트 난민사역 등 우리의 도움을 필요로 하는 여러 나라에 사랑을 보낼 수 있어 감사하다.

친구 박상은을 만나고 꼭 41년이 되었는데, 하나님은 우리의 만남을 이렇게 의미있게 사용하고 있다는 생각을 한다.

나삼진
아프리카미래재단 USA 사무총장, 에반젤리아대학교 교수
오렌지카운티샬롬교회 담임목사, 예수시대 동인, 시집:「생각의 그물」,「배와 강물」등

내가 만난 청년의사 박상은

나미애

1981년 봄, 내가 간호대학을 졸업하고 고신대학교 복음병원에 새내기 간호사로 일을 하기 시작했을 때 하얀 얼굴의 방글방글 웃는 마음씨 좋은 부드러운 서울말 하는 의사 박상은 선생을 만났다. 막 일을 시작하였던 새내기 간호사와 인턴은 동지의식을 갖고 서툰 병원 생활을 서로 도와주며 힘든 병원 생활을 시작했다.

찬양을 좋아하는 미성의 테너 박상은과 함께 인턴이었던 양승봉 등 수련의, 간호사, 그리고 몇몇 직원들이 안과과장 박영관 선생의 지도로 복음중창단을 만들고 찬양으로 환우들을 위로하였다. 특별히 병실에서 찬송해 주기를 바라는 환자들의 병실을 찾아다니며 찬송을 부르고, 그리스도의 사랑으로 위로하고 격려하였다. 성탄이 다가오면 박영관 선생의 지휘로 합창을 준비해 환자와 가족들을 초청해 음악회를 열었다. 이런 시간은 대원들도 환자도 환우 가족들도 적지 않은 위로가 되었다.

그때 복음중창단원들은 10명 정도였는데, 매주일 모여 연습하고, 함께 식사를 하고, 송도바닷가에 밤배도 타고 소풍도 가면서 서울에서 부산으로 와 외롭고 힘든 타지생활, 인턴생활에 힘든 시간들을 함께 풀기도 했다.

우리는 또 환자들을 위해 이동도서를 하게 되면서 박상은과 양승봉 선생이 각각 당시에는 적지 않았던 10만 원씩을 헌금하여 이동도서를 만들었다. 이동용 간이책장에 책을 준비해 대출해주고, 일정 시간이 지나면 돌려받는 형식이었다. 우리는 예쁜 이동도서대를 만들고, 매달 좋은 신앙서적을 구입하고, 병원 옆에 있던 고신대학 학생들에게 자원봉사를 부탁하여 환우들을 섬기는 일을 했고, 내가 회계를 맡아 자원봉사자 연락을 했다. 이 이동도서는 오랫동안 입원하여 적적한 형편에서 환자와 가족들에게 좋은 책을 읽히며 자연스럽게 복음을 전할 기회를 만들었다.

박상은은 그 힘든 인턴과 레지던트 생활을 하면서 한 번도 얼굴을 붉히거나 함께 일하는 간호사나 동료들에게 화를 내는 것을 보지 못했다. 그는 우리 모두에게 좋은 친구였다.

인턴시절 일화가 적지 않았다. 그 시절만 해도 복음병원에 인공호흡기가 중환자실에 하나 밖에 없었던 때였다. 한번은 특실병동에 독실한 불교신자가 입원했는데, 호흡 곤란이 와서 심폐소생술을 하고 호흡기를 달아야 하는 상황인데 호흡기가 없었다. 이 응급상황에서 박상은 선생이 간이 호흡기로 계속해서 눌러서 공기를 공급하였고, 독실한 불교신자 가족들은 '관세음보살 나무아미타불'을 연신 외쳐대었고, 박상은은 '주여'라 기도하며 손으로 밤새 ambubag으로 공기를 공급하였던 일도 있었다. 그는 자신에게 주어진 여건에서 최선을 다하던 성실한 청년 의사였다.

박상은은 아버지가 목회하던 서울 대길교회에서 중고등학교와 대학 시절을 보내었다고 한다. 그가 부산으로 내려오자 대길교회 청년들 몇 명이 부산을 방문하였다. 나는 그때 병원 가까이 송도바닷가가 내려다

보이는 전망 좋은 언덕에 있던 방을 얻어 자취를 하고 있었는데, 그들의 모임을 위해 그 방을 하루 내어주었다. 그들의 부산에서의 하루는 여행을 겸한 수련회와 같았는데, 함께 둘러앉아 말씀을 읽고, 서로의 삶을 나누며 기도해주는 모습이 너무나 인상적이었다.

내가 큐티를 시작하고 정기적으로 말씀 묵상을 하게 된 것이 그 무렵이었다. 뉴질랜드 출신 모신희 선교사가 인도하는 영어 성경공부에 참석하고 큐티에 열심을 내던 때였다. 박상은 선생은 말씀에 대한 특별한 열정이 있었는데, 그 바쁜 인턴시절에 원목실에서 주관하는 성경암송대회에 참가하기로 하였다. 박 선생과 나는 밤 근무하면서도 성경구절 50절 씩을 다 외웠다. 대회 참가를 준비하며 서로 라이벌 의식으로, 누가 1등을 할 것인지 내기를 하며 연습을 하였는데, 내가 1등을 하고, 박 선생이 2등을 한 기억도 새롭다. 박상은 말씀을 사랑하고, 이를 실천하려고 노력하였던 청년이었다.

그렇게 몇 년 동안 수련의 과정을 하면서 우리는 서로서로 좋은 친구가 되었고, 격려자가 되었다. 함께하던 양승봉 선생은 외과 전문의가 된 후 네팔 선교사로 갔고, 중창단에서 함께 한 이들은 개업의로, 목사 아내로, 선교사로 자신의 자리에서 열심히 살고 있다. 그동안 박상은도 부산에 머무는 동안 가정을 이루었고, 남편과 함께 부산의 젊은이들이 모여 예수시대라는 이름으로 기독교문화운동에 참여하였고, 전문의를 취득하고 마산에서 군의관 생활을 할 때도 함께 했다.

1992년에 나는 두 아이의 엄마로서 유학생 남편을 따라 미국으로 왔고, 미국에서 셋째를 낳고 길렀다. 미국에서 첫 유학 2년 반 공부를 마치고 귀국하면서 동부를 여행하게 되었는데 그때 필라델피아에 유학을 왔던 박석현 목사 가정을 방문하였다. 박상은의 가정도 세인트루이스

의과대학 연수를 와 그 가정에서 해후하였고, 필라델피아에서 유명한 롱우드가든을 둘러보며 하루를 같이 보내었다. 우리 가정이 귀국 후 서울에서 총회교육원장으로 사역하면서 서울영동교회 교육목사를 할 때, 미국 유학을 마친 박상은 가정도 서울로 올라왔고, 예수시대 모임으로 자주 만나는 사이가 되어 소식을 듣곤 했다.

나는 2002년 남편이 박사학위 논문을 준비하기 위해 두 번째 안식년을 오면서 2년 반을 보내었는데, 나는 미국 RN 자격을 취득해서 20년 동안 하지 못했던 환자를 돌보는 일을 다시 시작하였다. 남편이 귀국하면서 아이들과 함께 미국에서 RN으로 일하며 벌써 23년이 되었다. 처음 10년은 기러기 생활을 하였다.

내가 병원 간호사로 일하면서 한미의료선교대회에 참석하였는데, 그가 강사로 와서 강의를 하였고, 우리의 만남은 이어져 그가 한미의료선교대회로 발전한 GMMA에 올 때마다 자주 만날 수 있었다. 2019년 아프리카미래재단 미국 본부를 설립하면서 그의 요청으로 남편이 사무총장으로 봉사하게 되었고, 나도 곁에서 그가 미국을 방문할 때마다 자주 만나게 되었다.

펜데믹이 지난 후 2022년에는 남아공화국 요하네스버그 근교에서 중남아프리카선교사대회가 열려 우리도 미국 대표단으로 참여하였고, 한국과 남아공화국 수교 30주년을 맞아 교민 의료봉사에 참여하였고, 이어 잠비아와 에스와티니 의료봉사를 함께하는 기쁨을 누렸다. 청년시절에 한번 만남이 이렇게 소중한 인연이 되어 오늘까지 이어져 오고 있다.

비록 지금 그가 우리 곁을 떠난 것을 아직도 믿을 수가 없지만 그가 하늘나라로 간 지 1년이 지나, 이제 땀 흘려 일하던 그의 사역은 오롯이 우리들의 몫이 되었다.

2007년 아프리카미래재단을 설립하여 그가 마지막까지 사랑을 쏟아부었던 아프리카미래재단 사역, 우리 한국인 특유의 열정과 미국에서 나고 자란 코리언아메리컨이 만나 검은 대륙 아프리카를 함께 섬긴다면 풍성한 열매가 더욱 많을 것으로 생각된다. 주께서 우리의 걸음을 어떻게 인도하실지 기대가 된다.

나미애
복음간호대학 졸업, 부산복음병원 간호사, 미국RN, Trinity Hospital 회복실 간호사
현) 호스피스 간호사

부인할 수 없는 하나님의 사람

이상규

2023년 11월 6일 저녁 생각지 못한 비보를 접하고 마음이 괴로웠다. 다름 아니라 안양 샘병원 박상은(朴相恩, 1958-2023) 원장이 베트남 다낭에서 단기 선교 기간 중 65세의 나이로 하나님의 부름을 받았다는 소식이었다. 어떻게 이런 일이! 하나님의 뜻을 헤아리기 어려운 순간이었다. 그가 11월 2일부터 5박 6일 일정으로 베트남 다낭을 방문했는데, 내가 그와 전화통화하고 문자로 통신한 날이 11월 1일이었기 때문이다. "하나님의 때는 이르지도 않고 늦지도 않다."는 말이 있지만 한창 일할 젊은 나이에, 그리고 그가 펼쳐놓은 여러 선한 일들을 생각하면 이해하기 어려운 순간이었다.

내가 그를 처음 만난 때는 1982년이었다. 그가 고려대학교 의과대학을 졸업하고 부산에 내려와 복음병원에서 수련의 과정을 시작했을 그해 3월부터 부산 삼일교회에 출석하기 시작했다. 그는 장기려(1911-1995) 박사의 신앙과 정신을 배우고자 서울의 유수한 병원을 마다하고 부산의 복음병원을 선택한 것이다. 그때 그는 부산의대 출신으로 삼일교회에 출석하던 양승봉 선생과 친구가 되어 그 교회에 출석하게 된 것이다. 그때 나는 삼일교회 대학부 담당 교역자였다. 이런 연유로 우리는 서로를 알게 되었고 박상은, 양승봉 두 분은 대학부 지도교사로 임명되어 대학부를 위해 같이 일하게 된 것이다. 뒤돌아보면 41년 전의 일이다.

그는 바쁜 일과 중에서도 대학생들의 선배로 성경공부, 상담 등으로 도왔고, 때로는 특강으로 섬겨주었는데 그가 한 첫 특강을 나는 지금도 기억하고 있다. 에베소서 1장을 본문으로 "한 생명의 가치"라는 제목의 강의였다. 베트남 전쟁에서 민간인 희생자들에게 보상금을 지불했는데 한 사람당 50달러였다는 이야기를 하면서 인간의 가치가 50달러 밖에 안 되는가라고 물으면서 성경이 말하는 인간의 가치를 성부, 성자, 성령 하나님의 관점에서 설명했는데 매우 감동적이었다.

그 이후 교회 대학청년회가 주최하여 안락사, 낙태와 같은 윤리적인 문제에 대하여 세미나를 개최했을 때도 그는 늘 도움을 주었다. 신학적인 측면에서는 필자가, 의학적인 측면에서는 박상은 선생이, 법률적인 측면에서는 김신 판사가 담당했다. 김신 판사는 삼일교회 출신으로 후일 대법관이 되는데, 그때는 부산지법에 근무하고 있었다. 뒤돌아보면 양승봉, 박상은 이 두 의사는 절친한 친구이기도 했지만, 신실한 그리스도인이자 선한 의사였다. 두 의사는 복음병원 병동에 '순회도서실'을 설치하고 병실을 방문하여 책을 읽게 하고 전도하고 환자들을 위로했다. 또 이 두 의사는 김상순, 이승도, 정현기 등 선배 의사와 더불어 부산의료선교훈련원을 설치하여 의료선교교육을 실시하였는데 이 사역은 오래 계속되었다. 나는 이때 '의료선교의 역사'를 강의하게 되었는데, 이를 토대로 후일 '의료선교의 역사'라는 책을 출판하게 되었다.

외과학을 전공했던 양승봉 의사는 모든 특혜를 거부하고 선교사가 되어 네팔과 베트남에서 일생을 헌신했고, 진실된 크리스천 의료선교사로 일생을 살았다. 박상은 선생은 복음병원에서 인턴과 레지던트 과정을 이수하고 군의관으로 3년간 일한 후 다시 복음병원으로 돌아와 고신의대 내과학 교수이자 복음병원 의사로 1992년까지 일하고 부산을 떠났다. 박상은 선생은 고신대학교에서 의학박사 학위를 받았는데, 그가 고신의대에서의 박사학위를 취득한 첫 의사였다고 한다. 고신의대를 떠난 그는 후에 미국 세인트 루이스의 커버넌트 신학교로 가서 신학을 공부하는 등 기독교, 기독교 신학, 기독교 세계관을 확립하고자 노력했다.

그 후에도 기독교 의료 혹은 선교모임에서 공·사석에서 박상은 선생을 만났는데, 그는 한국교회를 대표하는 의료인이 되었고 교회와 복음을 위해 헌신했다. 성산생명윤리연구소 소장을 거쳐 대통령소속 국가생명윤리심의위원장을 역임하였고, 안양 샘병원을 명실상부한 선교적 병원으로 육성했고 대표원장에 이어 미션원장으로 일했다. 그런가 하면 (사)아프리카미래재단 대표, 한국생명윤리학회 고문, 행동하는 프로라이프 공동대표, 국제보건의료학회장을 역임했다. 또 사단법인 국제개발협력민간협의회(KCOC) 부회장, 한국 말라리아퇴치연대(KEMA) 대표이기도 했다. 최근에는 선교유적지를 개발하고 순례하는 '사단법인 한국 순례길' 이사장으로 일하면서 필자를 정책자문위원으로 추대해 주었다.

그는 인간미가 넘치는 진실한 그리스도인이었고 약한 자의 이웃이었고, 선한 의사였다. 교회에서는 충직한 장로였다. 생사의 갈림길에 선 환자들 곁에 있어줄 때 보람을 느낀다고 말하던 박상은 선생은 부인할 수 없는 하나님의 사람이었다.

2023년 10월 28일 나는 그와 제4차 로잔대회에 대하여 전화로 의견을 나누었는데 그것이 그와 나눈 마지막 통화가 되었다. 이번에 '차별금지법 바로알기 아카데미'를 주최하여 "2024 국제로잔 4차대회의 한국개최에 즈음하여 국제로잔의 총체적 선교 운동과 차별금지법에 관한 침묵에 대한 한국교회의 복음적 대응 세미나"를 개최하게 되었는데, 주최 측에서 격려사를 청하기에 간단하게 써 주었는데, 이 일에 대하여 전화로 의견을 나눈 것이다. 11월 1일, 그는 이런 문자를 보내주었다.

"교수님. 늘 순수한 마음으로 애써주셔서 감사한 마음입니다. 연합운동이 늘 쉽지 않은 것 같습니다. 서로 좀 입장이 다르고 이견이 있더라도 큰 틀에서 연합과 협력을 이루면 좋겠습니다. 늘 감사드립니다."

나는 이렇게 대답했다.

"네. 그렇습니다. 감사합니다. 다음에 만날 때 이야기합시다. 감사하고요."

이것이 마지막 문자가 될 것을 알았더라면 더 따뜻한 사랑과 우의를 나누었을텐데. 유한한 인간이 어찌 무한하신 하나님의 뜻을 헤아릴 수 있으리오(Finitum Non Capax Infiniti, 롬 9:19-23, 11:33).

이상규
전)고신대 부총장

큰바위 얼굴

이재훈

　박상은 장로님은 제가 만난 한국교회 지도자들 중 가장 예수님을 닮은 분이셨습니다. 박상은 장로님을 가까이 만나게 된 것은 로잔운동에 적극적으로 참여하면서부터였습니다. 제가 한국로잔위원회에서 의장으로 선임되어 적극적으로 활동하기 시작하였을 무렵 박 장로님은 당시 전문인위원장을 맡고 계셨습니다.

　로잔운동은 복음주의 선교운동으로서 목회자, 선교사들만의 모임이 아니고 각 영역의 전문인들을 통한 선교사역을 강조하는 운동이기에 박상은 장로님께서 전문인위원장을 맡고 계신 것은 너무나 적절한 직임이었습니다.

　박 장로님은 모든 모임에서 중재자와 화해자의 역할을 하셨습니다. 때로 날카로운 의견 대립이 일어나는 상황에서조차 그분의 얼굴에서 한번도 밝은 미소가 떠난 것을 본 적이 없습니다. 예수님을 닮은 성품이셨습니다. 하나님께서는 박장로님의 이러한 성품을 한국로잔위원회가 하나되고 2024년 9월에 열린 4차 로잔대회를 준비하는 일에 귀하게 사용하셨습니다.

　한국로잔위원회의 부의장으로 선임되신 이후에는 4차 로잔대회를 준비하는 일에 적극 협력해 주셨습니다. 4차 로잔대회는 이전의 어느 대회보다도 전문인들의 참가의 폭을 넓힌 대회였습니다. 따라서 박 장로님의 리더십이 매우 중요했습니다. 로잔대회를 준비하는 모든 모임에 성실하게 참여해 주셨으며 이는 많은 전문인 참가자들에게 귀감이 되어주셨습니다.

박 장로님의 소천 소식을 들은 것도 4차 로잔대회를 준비하는 화상 회의가 예정된 바로 전날이었습니다. 박 장로님은 한국교회의 의료선교를 이끌어 오신 선교 지도자로서 소외된 이웃을 위해 자신을 헌신하는 삶을 살아오셨습니다. 한국교회를 대표하는 전문인선교 지도자로서 함께 준비해온 4차 로잔대회를 앞두고 먼저 천국으로 떠나 보내 드린 것은 많은 아쉬움으로 남습니다.

박상은 장로님은 장기려 박사님의 뒤를 이은 한국교회의 대표적인 의료선교 지도자로서 '큰바위 얼굴'이 되어 주실 것이라 믿습니다. 세계 선교의 핵심 동력인 한국교회의 의료선교가 박상은 장로님을 기억하는 모든 분들을 통해 다시 불일 듯 일어나게 되기를 소원하며, 박 장로님께서 꿈꾸셨던 모든 사역들이 더 풍성하게 열매 맺기를 기도드립니다.

이 재 훈
온누리교회 위임목사
CGN TV 이사장, 한동대학교 이사장, 한국로잔위원회 의장

장기려 박사님과 닮은
생명존중 운동가

한기채

　내가 박상은 원장님을 언제부터 알게 되었는지 모르지만 만나자마자 오래된 친구를 만난 것 같았습니다. 그에게서 그리스도의 향기가 풍겼습니다. 내가 시무하는 중앙교회에 출석하는 서울신학대학교 일어과 교수 강성국 집사가 박 원장님의 하나밖에 없는 누나의 아들, 조카라는 사실도 나중에서야 알았습니다. 강 집사도 삼촌을 닮아서인지 말없이 충성하는 참 신실한 신자입니다.

　박 원장님을 한국의 슈바이처라고 말하는 분들도 있지만, 나는 나의 사돈 장승구 장로님의 작은 아버지 성산 장기려 박사님을 가장 닮은 분으로 기억합니다. 그래서 더 친근하게 느끼며 지냈던 것 같습니다. 나는 장기려 박사님을 직접 만난 적이 없지만 그는 장기려 박사님과 교분을 가지며 많은 영향을 받았음을 스스로 밝히셨습니다.

　박 원장님이 생명운동에 헌신하게 된 직접적인 이유를 장기려 박사님에게 들은 말씀 때문이라고 했습니다. 장기려 박사님은 박 원장에게 "병원에서 태어나는 아이가 많겠어요? 병원에서 죽임 당하는 아이가 많겠어요?", "만일 이것만 막아낼 수 있다면 의사가 되는 것보다 더 많은 생명을 살릴 수 있을 것이요."라는 말씀을 했다는 것입니다. 그래서 장기려 박사의 호를 딴 성산 생명윤리위원회를 만들고 생명존중 운동을 계속하신다는 것입니다.

나는 기독교 윤리학자로서 신학적, 철학적 토대에서 생명윤리를 연구해 왔는데, 박 원장은 내과의사로서 과학적이면서도 실용적인 생명윤리를 전개하셔서 그에게 큰 도움을 받곤 했습니다. 알버트 슈바이처, 성산 장기려, 그리고 박상은 원장으로 이어지는 생명존중 운동은 변하는 시대에 변함없는 진리가 어떻게 잘 적용될 수 있는 가를 밝히 보여주고 있습니다.

생명은 가장 소중한 하나님의 선물로 존중받아야 마땅한 존재라는 그가 제창한 생명존중 선언은 역사가 지속되는 한 변할 수 없는 진리입니다. 박 원장은 국가생명윤리심의위원회 일원으로도 활동을 하셨는데, 이러한 성경적 가치관이 이 땅에 뿌리를 내리도록 힘을 쓰셨습니다. 아직 그가 할 일이 많이 남아 있는데, 이렇게 갑자기 부름을 받으셔서 하나님의 뜻을 헤아릴 길이 없는 나로서는 아쉬운 마음이 너무나 큽니다. 그래도 그가 남기신 일들만은 남은 우리들이 그를 기억하며 더욱 힘을 내어 계승해야 한다고 생각합니다.

나는 한국 로잔 부의장으로 박 원장님과 함께 하면서 서울과 인천에서 개최되는 2024년 세계로잔대회를 함께 준비하고 있었는데, 본 대회도 보지 못하시고 하나님의 나라에 임하셔서 충격과 슬픔이 더욱 컸습니다. 나는 박 원장님을 로잔 생명윤리위원회 위원장으로 모시면서 태아존중운동, 자살예방운동, 탄소중립운동에 함께 참여하였습니다. 행동하는 프로라이프는 실천적인 생명운동을 일으키는 단체인데, 2022년 사순절에 생명존중주간을 맞이하여 내가 시무하는 중앙교회에 박 원장님이 오셔서 "한결같은 주의 생명"이라는 말씀을 전해주셨습니다.

특별히 예수님이 12월 성탄절에 탄생하셨다면, 4월 첫 주간에 잉태하셨을 것이라는 것에 착안하여 4월 첫째 주를 생명주간으로 지키자고 박 원장님이 제안을 하셨습니다. 생명윤리위원회에 참여하고 있는 교회들 즉 온누리교회, 중앙교회, 주안장로교회, 대구동산교회로 순회하며 CGNTV와 함께 많은 교회들이 생명주일을 지켰는데, 이 일은 앞으로도 계속될 것입니다.

생명은 '生을 命하노라.'라는 뜻으로 인간은 '살 권리', 즉 '살릴 의무'는 있어도 '죽을 권리', '죽일 의무'는 없습니다. 생명의 주권은 하나님께 있기 때문에 어떤 형태의 자살이나 안락사도 허용될 수 없습니다. 박 원장은 낙태는 영아살해, 아동학대와 서로 상관관계가 있다고 하면서 낙태는 사회 전반에 생명경시풍조를 낳는다고 하셨습니다. 그러므로 낙태예방은 모든 인간에 대한 존중을 의미합니다.

특별히 산모들이 병원을 선택할 때, 생명을 존중하는 의사를 만나야 하고 낙태를 허용하는 의사들에게 자기의 몸을 맡겨서는 안 됩니다. 생명을 보는 관점이 인본주의적인 관점에서 생명의 질을 놓고 따져서는 안 되고, 하나님이 부여하신 생명의 신성이라는 관점에서 보아야 합니다. 인간의 생명을 누릴 생명권이 생명을 결정하는 권리보다 우선합니다. 인간의 생명권은 건강권, 행복추구권보다도 우선합니다.

예수님도 세상에 가장 작은 인간이 태아로 오셨습니다. 가장 작은 태아에게 한 것이 예수님에게 한 것입니다. 성경에 나오는 엘리사벳과 마리아의 영적친교, 더 나아가 엘리사벳의 태아 요한과 마리아의 태아 예수의 영적교류는 놀라운 것입니다.

박 원장은 알버트 슈바이쳐의 생명존중사상을 이어 가시는 분으로 생명 운동을 함께 하면서 세상에서 가장 작은 자인 태아를 돌보고 보호하는 일에 앞장섰습니다. 그가 세운 병원들은 바로 생명존중 운동의 산실입니다. 바울은 "모든 것이 내게 가하나 다 유익한 것이 아니요"(고전 6:12)라고 자신의 권리를 복음과 교회의 덕을 위해 내려놓는다는 말씀을 했습니다. 나는 이것을 '할 수 있지만 하지 않는' 윤리라고 부릅니다.

인간의 능력이나 기술, 세상의 과학이 가능하다고 해서 다 하게 되면 힘의 남용이 됩니다. 우리가 그리스도인으로서 성숙한 시민으로서 '할 수 있지만 스스로 하지 않는 것'이 너무나도 필요한 시대입니다. 더 나아가 '하지 않아도 되는 것을 하는' 헌신도 필요합니다. 박 원장님은 바로 이 시대에 '하지 않아도 되는 것을 하는' 헌신, '할 수 있지만 스스로 내려놓는' 겸손한 삶의 모범을 보여주셨습니다. 그의 삶을 통해서 나타내신 그리스도의 희생과 겸손은 영원히 빛날 것입니다.

한기채
중앙성결교회 담임목사, 서울신학대학교 이사장
기독교대한성결교회 114년차 총회장

참 좋은 의사

이정숙

　박상은 원장님을 알게 된 건 내가 고등학교 1학년 때 서울시 신길동에 위치한 대길교회에 출석하면서부터였다. 당시 박 원장님은 고등학교 3학년이었고 대길교회는 박 원장님의 부친 박용묵 목사님께서 담임 목사로 시무하셨다. 박 목사님의 자녀들은 하나같이 모범적으로 공부도 잘하고 믿음도 좋아 교회일 역시 열심히 한다며 교인들 사이에 칭찬이 자자했었다.
　박 원장님이 고려대 의대를 들어갔을 때 둘째 형인 박재형 장로님을 이어 좋은 의사가 될 거라며 부러움과 기대 역시 컸었다. 이 시절 잊히지 않는 에피소드는 성균관대학교에 다니던 쌍둥이 동생 박상진 교수님과 고려대 의대가 멀지 않다 보니 길거리에서 사람들이 착각하면서 이런저런 해프닝이 있었다고 한다. 그러던 어느 날 두 사람이 가르마를 서로 다른 쪽으로 타고 교회 대학부에 나타났다. 그것이 묘하게 두 사람을 확연하게 구별해 주어서 모두 재미있어 했다.
　대길교회 대학부는 1980년 초반까지 십여 명의 대학생으로 된 작은 부서였으나 1980년의 휴교령 이후 정연규 전도사님(현재 캘리포니아 거주 원로목사)의 열정적인 제자 훈련을 통해 가히 폭발적인 성장을 거듭한 나름 소문난 대학부였다. 당시 박 원장님은 교회 대학부에서 열심히 봉사했을 뿐만 아니라 학교에서는 한국누가회(The Christian Medical Fellowship) 활동을 열심히 해서 의대와 전혀 상관이 없던 나도 누가회 이야기를 여러 번 들었다.

이 글을 쓰면서 찾아보니 '한국누가회 44주년 다큐' 영상에서 한국누가회가 시작된 때가 1980년 초였다고 한다. 그해 수련회 사진에서 대학생 당시의 박 원장님을 쉽게 찾을 수 있었다. 곧이어 나온 박 원장님의 인터뷰 영상에서 그는 누가회가 자신이 의사로서 하나님의 사명을 받드는 데 아주 중요했다며 남은 생도 더욱 그 사명을 감당하겠다고 말했는데, 이 영상을 찍은 지 얼마되지 않아 하나님의 부르심을 받았다. 박 원장님은 한국누가회에서 알게 된 의대생들을 대길교회 대학부로 인도하기도 했다.

그중에는 보나콤공동체 대표 강동진 목사님의 사모 정미진 선생도 있었다. 누구보다 바쁘다는 의대생이었지만 박 원장님은 언제나 사람들과 교감하는 일에 인색하지 않아서 환자들에게 무척 친절한 의사가 될 것으로 생각했었다. 또한 그는 복음전도에 힘쓰는 의사가 되기 위해 성경공부나 기독교세계관 훈련에도 깊은 관심을 가지고 있었는데 그 덕분에 대길교회 대학부가 더 풍성한 컨텐츠를 가진 대학부로 발전할 수 있었다.

대학부를 졸업한 후에 대길교회 대학부 선후배들은 '사무엘 모임'이라는 기도모임을 조직해서 서로를 위해 기도하고 교제하며 지냈지만, 여기저기로 흩어지게 되면서 자연스럽게 소식이 뜸해졌다. 내가 한국으로 돌아와 횃불트리니티 신학대학원대학교(이하 횃불트리니티)에 몸담게 되면서 사무엘 모임에 다시 나가게 되었는데, 그때 여러 사람들이 자신이나 가족과 관련하여 박 원장님의 도움을 받았던 것을 알게 되었다. 흔히 의사 한 명은 알고 있어야 한다고 하는데 우린 그때 확실한 의사 한 명을 알고 있었던 거였다.

나도 내가 대학교 3학년 때 대길교회로 전도했던 고 피현희 목사님(전 '레베카' 편집장/온누리교회 부목사)이 마지막 시간을 안양샘병원에서 보낼 수 있도록 부탁했고, 피 목사님은 박 원장님의 배려와 그곳에서의 마지막 시간에 많이 감사하며 그의 생을 정리했었다.

내가 횃불트리니티의 5대 총장이 되었을 때 박 원장님은 기뻐하며 한 걸음에 달려와 취임식에 함께 해주었고, 이후 안양샘병원과 횃불트리니티와의 협약식도 제안해서 학교와 MOU를 체결하기도 하였다. 그는 늘 가까운 사람들이 안녕한 지 관심을 보였고 사람들의 대답을 귀기울여 들을 줄 아는 사람이었다. 또한 대화 중에도 사람들의 마음을 다치게 하지 않으려고 조심했고 약간이라도 문제가 생기면 빨리 중재자의 모습을 취하곤 했다. 난 그런 모습에서 그가 참 좋은 의사의 본을 보여준다고 믿었다. 그는 이화여대 의대교수, 실로암 안과병원 설립자이셨던 이명수 교수님을, 고신복음병원의 장기려박사님 같은 분을 존경하며 자주 언급했었다. 물론 그 또한 그분들의 본을 따라 참 좋은 의사였는데 그런 좋은 의사를 너무 일찍 잃었다는 충격이 쉽게 가시지 않는다. 높으신 하나님의 뜻을 헤아릴 수 없기에 하나님께서 그의 삶을 통해 이 땅의 기독의대생들과 기독의사들에게 또 한 분의 좋은 기독의사의 본을 세우셨다는 사실로 위로를 받는다.

이정숙
현)더맵글로벌 대표, 전)횃불트리니티신학대학원대학교 총장,
아시아신학연맹(ATA) 부회장, 저서: 『여성과 초대기독교』, 『칼뱅의 목회신학』

생명 존중 정신

홍순철

박상은 대표는 늘 자신의 과거를 담담하게 말씀하신다.

"난 쌍둥이었는데, 교회 마룻바닥에서 태어났어."

2024년 4월 생명주간 강의가 있어 대구 동신교회를 방문하였다. 내가 이 교회 강단에 설 줄은 몰랐다. 대구 동신교회는 박상은 대표의 아버님, 영파 박용묵 목사께서 2대 담임 목사를 지내신 곳이다. 박상은 대표는 이곳에서 태어났다. 정확히 말해서, 대구 동신교회 구 성전 교육관에서 태어나셨다.

산부인과 의사로는 등골이 오싹한 이야기이다. 쌍둥이 임신인데, 병원도 아니고 교회 마룻바닥에서 분만을 하셨다구? 임산부로서 목숨을 거는 위험한 행동을 하신 것이다. 쌍둥이 임신은 태아도, 임산부도 위험한 분만이다. 아버지 영파 박용묵 목사께서는, 대구 동신교회 성전 건축을 위해서 본인의 집을 팔아 교회에 기부하시고, 교회내에서 생활하시다 이 시기에 박상은 대표를 출산하신 것으로 추정된다. 산부인과 의사 입장에서는, 아내가 쌍태임신인데, 교회에서 분만하게 한 것은 가혹하다는 생각까지 들었다.

하지만 하나님은, 영파 박용묵 목사님 가정을 끝까지 살피셨다. 박상은 대표와 쌍둥이 형님은 건강하게 태어났고, 한 사람은 의사로, 다른 한 사람은 목사로 하나님의 일에 순종하는 삶을 살았다.

박상은 대표는 의사로서, 생명 존중의 정신을 끝까지 실천하였다.

생명주간 예배는 그렇게 시작되었다. '인간의 몸으로 성육신하신 예수님의 탄생이 12월 25일이라면, 태아로 마리아의 태내에 오신 시기는 4월 1일경이다.' 의사인 박상은 대표는 가장 작은 생명인 태내의 태아를 보호하는 일에 앞장섰다. 아니, 의사로서 모든 생명은 보호받아야 한다는 생명존중정신을 위해서 앞장섰다.

낙태되는 태아를 보호하는 일, 자살을 막는 일, 모든 생명 윤리 이슈에 기준을 제시하는 일, 아프리카의 모든 생명을 보호하는 일, 아프가니스탄 단기선교팀이 한국에 돌아왔을 때 보호하는 일, 이집트 선교팀의 폭탄테러로 당시 선교단을 치유하는 일, 북한의 열악한 의료환경으로 죽어가는 북한 사람들을 의료 도움을 위해 앞장서는 일, 코로나 기간 생명의 위험에 처한 선교사 치료를 위해 한국으로 긴급후송과 치료하는 일… 이렇게 그는 생명을 살리는 일, 한 영혼을 살리는 일에는 그 누구보다 앞장섰다.

나의 작은 마음으로 이해가 되지 않는다. 어떻게 이 모든 것이 가능했는지. 아마도 박 대표께서 살아계시다면 대답했을 것이다. "하나님이 하셨다. 주님의 은혜다…." 박상은 대표는 자주 말씀하셨다. 스승이신 성산 장기려 박사께서, "이 땅에 낙태되는 수많은 태아를 살릴 수 있다면, 병원에서 우리가 치료해서 살리는 한 명, 한 명의 생명보다 더 많은 생명을 살릴 수 있을 것이다."

박상은 대표는 국가생명존중위원회 위원장시절에 '국가 생명 윤리에 관한 법률'을 만들었다. 다양한 생명윤리 이슈에 대한 기준을 제시하였다. 이것뿐 아니라, 실제 실천으로 행동하였다. '생명주간 특별예배'는 그렇게 시작되었다. 태아의 생명을 보호하고자 하는 다양한 전문가, 목사님, 사회 단체를 통하여 교회와 CGN TV를 통하여 온 나라에 '태아 생명 보호'의 목소리가 퍼져나가게 활동하였다.

2024년 9월에는 '서울-인천 제4회 로잔대회'가 개최되었다. 박상은 대표는 로잔대회 생명위원회 위원장을 맡고 있었다. 로잔대회 선언문은 다음과 같이 선언하였다.

'로잔 서울 선언 63. 결혼에 대한 성경적 비전은 생육하고 번성하라는 창조주의 명령을 이해하는 동시에 부부에게 동반자 관계와 즐거움을 제공하는 것을 포함한다. 우리는 개인적, 사회적 선으로 인식되는 성적 자유의 추가가 결혼 내 성관계의 출산적 측면(procreational aspect)을 경시하여 전 세계적으로 (태아를 포함하여) 자녀의 가치를 평가절하고 급격한 낙태의 증가로 이어진 것에 대해 슬픔을 금할 수 없다(창 1:28, 2: 18-25).'

박상은 대표는 질문했다. 예수님이 이 땅에 다시 오신다면 어떤 사역을 담당하실 것인가? '하나님의 형상을 따라 지음받은 가장 작은 태아를 보호하는 일에 앞장섰을 것이다.' 박상은 대표는 그렇게 태아로 오신 예수님을 섬기듯 '생명보호'에 앞장섰고, 한 사람의 영혼구혼을 위해 앞장섰다. 그 생명 존중 정신은 아프리카의 굶주림과 질병으로 죽어가는 생명과 영혼을 구원하는 사역까지로 확대되었다.

"생명존중, 전인 치유 사역', '말씀이 육신이 되어 하나님의 자녀로서 살아가신 분' 박상은. 사랑합니다.

홍순철
아프리카미래재단 대표, 고려의대 산부인과 교수
성산생명윤리연구소 소장

로잔4에서

안동일

2024년 9월 27일.

1974년 로잔에서 있었던 첫 대회 이후 복음주의 선교의 방향성을 제시하면서 많은 영향을 끼쳐왔던 로잔 대회, 그 네 번째 국제모임(로잔4)이 열리고 있는 이곳 인천에서 이 편지를 씁니다. 박상은 선생님께서 로잔이 강조하는 총체적 복음을 온몸으로 살아냈을 뿐만 아니라 한국 로잔위원회의 부회장으로 로잔 운동을 열심히 섬기셨던 것을 기억하면서요. 전세계에서 오천 명이 참석한 로잔4(2024.9.22-9.30)를 하늘나라에서 지켜보면서 함께 하고 계시겠지요.

어제 저녁은 아프리카에서 10년째 의료선교사역을 하고 계신 L선교사님과 함께 식사하면서 교제하였습니다. 2년 전 박상은 선생님께서 L선교사님이 계신 곳까지 멀리서 찾아오셔서, 아프리카 선교의 비전을 나누고 여러가지 당부와 격려의 말씀을 주셨는데, 그 말씀들을 유언처럼 남기시고 갑자기 떠나셨다고 선교사님께서는 아쉬워하고, 또 그리워하였습니다.

아프리카 의료선교를 위해 진지하게 여러 문제들을 고민하고 기도하고 계시는 L 선교사님을 보면서 많은 후배 의료 선교사들에게 멘토링

하면서 선교사적 삶을 치열하게 사셨던 박 선생님을 다시 한번 생각했습니다.

로잔4의 오후 시간은 모든 참석자가 한가지 특정 주제별 모임에 참석해서 4일간 심도 있는 토의를 합니다. 저는 전인건강 그룹에 참여 중이었습니다. 의료인들이 전인적 치유와 케어를 베풀 수 있기 위해서 교회가 어떤 역할을 할 수 있는가에 대해 이야기하면서, 이미 이를 실천하면서 전인치유 학회, 신학교 강의, 기독교 방송 강의 등을 통해 활발히 활동하셨던 박 선생님이 떠올랐습니다.

2023년 9월 초, '전인의학과 기독교 생명윤리' 과정이 합동신학교 2024년 봄학기에 개설될 예정이라며 저에게 한 꼭지(?) 강의를 부탁하면서 어린아이처럼 기뻐하던 생명과 기쁨에 찬 목소리를 지금도 기억합니다. 가끔, 박 선생님이 저희에게 유튜브 공간에 남겨 주신 전인건강과 건강한 라이프 스타일에 관한 영상을 보면서 도전과 힘을 받곤 합니다.

로잔4를 한국교회가 주최하긴 하지만 주제들은 글로벌 하며, 로컬 이슈는 거의 다루지 않는데, 이번에는 예외적으로 한반도 상황과 북한 선교가 특별주제로 채택되어 400명이 넘는 참석자들이 진지하게 토의하고, 기도했습니다. 로잔 서울 선언에도 이 주제가 포함되었습니다. 북한을 여덟 번 방문하면서, 그곳에 인공 신장실을 세우는 등 북한선교에 많은 노력과 기도를 아끼지 않으셨던 박 선생님 생각이 로잔 서울 선언의 북한 관련 부분을 보면서 들었습니다. 약 일 년 반 전에 연대의대 4학년 특화과정에서 북한 선교의 비전에 대해 박 선생님이 강의할 때 제가 함께 듣는 기회가 있었습니다. 그때 박 선생님께서 한국 국제보건학회 회장 역할을 맡아서 국제보건을 위해 많은 에너지를 쏟으실 때였는데, 북한의 의대생들이 복음을 듣고 받아들이는데 그치지 않고 더 나아가 아프리카나 아시아의 빈민국에 보건의료 프로젝트를 남북한이 함께 펼치는 날이 오기를 꿈꾼다는 비전을 들었을 때 30년 가까이 국제보건을 해온 저의 마음이 숙연해졌습니다.

이번 로잔4의 주제는 'Let the church declare and display the gospel together'(교회여, 다 함께 그리스도를 선포하고, 나타내자)입니다. 의과대학 본과 2학년 때 서로 처음 만나서 일년 전 주님 품으로 먼저 가시기 전까지 아프리카 선교를 통해 그리스도를 선포_declare 하고, 그분의 사랑과 희생을 나타내며_display 사는 모습을 가까이서 보면시 함께했던 지난 40여 년의 시간은 저에게 엄청난 축복이었고 특권이었습니다.

1년 전 박상은 선생님을 떠나 보내며 양평 패밀리 수목장에서 읽었던 추모사의 한 부분을 인용하면서 편지를 맺습니다.

'상은 형제님, 제가 당신을 기억할 때, 영적 거인으로, 탁월한 의사로, 위대한 선교사로, 생명 경외의 실천가로 기억하며 그리워할 것입니다. 하지만 그보다 먼저, 지난 40여 성상 동안 만날 때마다 얼굴에 가득했던 화사한 미소, 그리고 당신의 그 끝없는 겸손함을 먼저 기억하고, 그런 믿음의 형제를 동역자로, 또 벗으로 허락해 주신 축복의 하나님께 감사드릴 것입니다.'

안동일
연세대학교 보건대학원 객원교수
글로벌케어 시니어 컨설턴트

진짜 장로 진짜 의사

한성식

열왕기상 3장에 일반인에게도 널리 알려진 솔로몬의 재판이 소개되어 있습니다. 하나님이 솔로몬에게 지혜 즉 '듣는 마음과 분별력(discerning heart)'을 주신 후의 장면입니다. 갓 태어난 아이의 진짜 어머니를 분별하는 하나님의 지혜가 솔로몬을 통해서 나타납니다. 지금도 박 장로님을 생각할 때마다 솔로몬의 지혜가 담겨있는 하나님의 사람 '박상은'이 생각납니다. 가짜가 판치는 세상에 진짜 장로, 진짜 의사, 진짜 형님 그리고 진짜 아버지로 저에게 기억되곤 합니다.

2010년 초반이었을 겁니다. 저와 장로님과의 인연은 샘물교회에서 시작됩니다. 그는 샘물교회 장로로 계셨고 저는 병원을 동업자들과 같이 세우고, 분당으로 이사를 와서 새로운 교회를 찾아다니던 시절입니다. 이후로 저는 분당 샘물 교회를 섬기게 되었고 장로님과의 인연은 그렇게 시작되었습니다. 지금에 와서 알게 되었지만 까칠하고 부담스러운 저를 받아준 교회 소그룹 목장의 목자이자 장로가 바로 박상은 장로님이었습니다. 그리고 목장의 명칭이 '스와질랜드'였습니다.

스와질랜드는 인구가 200만 명이 안 되는 곳으로 영국에서 독립한 나라입니다. 지금은 국명을 '에스와티니'로 변경하였으며, 에이즈의 문제가 심각하며 성인의 26%가 감염자라고 합니다. 그리고 세계에서 가장 가난한 나라 중 하나로 평균 수명이 30살 정도라고 합니다.

당시 장로님이 스와질랜드에 의과대학 설립을 위하여 현지 선교사를 도와 추진 중인 이유로 교회 소그룹 목장 이름이 '스와질랜드 목장'이었습니다. 장로님은 몇 년을 기도하고 추진하였지만 여러 난관으로 '스와질랜드 사업'이 중단되는 아픔을 겪은 것으로 기억합니다. 하지만 이후에 형님이신 박재형 교수님이 직접 에스와티니 선교사로 참여하여 주도적인 역할로 의과대학이 2024년에 설립되었습니다. 이 또한 장로님이 뿌린 씨앗 중 하나라고 생각합니다. 저희 병원도 지금 의과대학 사업에 물질로서 참여하고 있으니 이 또한 하나님의 은혜이자 축복입니다.

지금 생각해 보면 장로님과 같이 한 십여 년간의 목장 생활은 장로님의 지혜와 온유한 성품을 느낄 수 있는 소중한 시간이었습니다. 샘병원장 일을 하시면서 아프리카미래재단을 이끄시는 장로님의 지도력은 온유한 성품에서 나오는 지혜의 사람이었음을 단연코 제가 증언할 수 있습니다. 화내거나 분노하지 않는 하나님의 자제력을 의미하는 온유는 '듣게 하는' 중요한 성품 중 하나입니다.

하나님이 솔로몬에게 주신 지혜는 분별력 즉 'discerning heart'입니다. 어려운 상황이나 대하기 힘든 사람들과의 만남에서 화내지 않고 경청하면서 선과 악을 구별해 나가는 지혜입니다. 하나님은 솔로몬의 지혜를 장로님이 갖게 하셨으며 진료와 선교 활동을 통해 나타내셨습니다. 샘병원을 선교 병원으로 이끌었으며, 아프리카미래재단의 많은 사업을 통하여 아프리카에 희망을 주었고 수많은 기독 의사들의 귀감이 되셨습니다. 저희 병원을 운영하면서 어려움을 겪고 있을 때 상의한 유일한 사람, 지혜를 함께 나누어주시고 도움이 되신 유일한 사람이 장로님이었으며 지금은 그 빈 공간이 너무 크게 다가옵니다.

　이후에 목장에서 장로님 가족과의 교류는 당신의 세 자녀를 믿음의 자녀로 성장하게 하시고 자녀가 사회적으로 성공해 가는 모습을 통해 가족 중 아버지의 역할을 생각할 수 있는 기회를 주셨습니다. 온유한 성품과 지혜를 가진 장로님의 기도와 권면이 우리 가족에게도 큰 힘이 되었고 믿음의 가족이 되어가는 과정의 멘토가 되어 주셨습니다. 최근에 조그만한 개척교회인 '광야 교회'를 새롭게 섬기는 모습에서 두 분의 소박하고 심령이 가난한 모습을 함께하는 것도 또한 큰 은혜였습니다.

　장로님을 처음 만났을 때 학교 후배인 안수현의 회고록 '바보 의사'가 발간되어 눈물로 읽었던 기억이 있습니다. 34살의 짧은 인생을 마치고 하나님 곁으로 간 '젊은 예수'입니다. 그 분의 멘토가 장로님이셨고 '바보 의사'라는 책에서 나온 '바울의 흔적, 스티그마'가 기억이 납니다. 안수현의 생애를 읽으면서 떠오르는 감동과 슬픔 아니 '애통'이 오늘 그 분의 기억을 더듬는 저에게 또 다가옵니다. 장로님의 생애에 남아있는 예수님의 흔적을 봅니다. "이후로는 나를 괴롭게 하지 말라 내가 이 몸에 예수의 흔적을 지니고 있노라"(갈6:17)라는 말씀처럼 삶을 내 몸 안에 있는 예수님의 흔적으로 주장하였던 장로님을 기억합니다. 병원과 가정에서 그리고 다니던 교회와 아프리카 선교 현장에서 말이 아닌 몸으로 증거한 그 분의 삶 속에서 살아 있는 예수님을 볼 수 있었습니다.

　하늘나라에서 영원한 평강을 누리시는 장로님을 기억하며 예수님이 오시는 날, 다시 볼 수 있는 날을 소망하며 우리들 삶에서 예수님의 흔적으로 예수님을 증거하는 삶을 살기를 원합니다.

한성식
분당제일여성병원 대표원장

제4부

+

가족들이 그에게
하고 싶었던 말

아름다운 사람 "박상은"

이혜경

예루살렘 딸들아 너희에게 내가 부탁한다
너희가 내 사랑하는 자를 만나거든
내가 사랑하므로 병이 났다고 하려무나 (아가 5:8)

40년 전 어느 날 부산 복음 병원에서 일하던 친구가 '박상은'이라는 사람을 소개를 시켜주고 싶다고 했다. 남포동의 카페로 이름만 알고 만나러 나갔다. 그런데 많은 사람 가운데 어떤 사람이 벌떡 일어나서 "이혜경님 이시죠?"하면서 인사를 했다. 나중에 어떻게 나인 줄 알았느냐고 물으니 "군계일학이니까요." 하면서 특유의 선한 미소를 띄우는 것이 아닌가. 그날 그 순간부터 그로 말미암아 설레는 내 삶이 시작되었다.

만난 지 삼 일째 되는 날에 결혼을 약속하고 바쁜 레지던트 1년차 때임에도 거의 매일 만나서 성경 구절 암송하기, 듀엣으로 찬양하기, 경건서적 읽고 나누기, 성경 일독하기 등등. 그가 만든 영적 훈련과정을 거쳐서 84년 7월 7일 결혼식을 올렸다.

마치 견우와 직녀처럼 그를 평생 그리워하며 살게 된 것은 하필 칠석날에 결혼한 탓인지도 모르겠다. 각종 모임과 강의, 그리고 병원 일과 아프리카미래재단 일, 그리고 생활습관의학 일, 의료선교회 등 날마다 일더미가 가득했지만 항상 웃고 힘들어 하지 않았다. 늘 감사의 이유를 찾고 기도하던 그는 새벽기도를 두 번이나 드렸다.

작은 개척교회 목사님이 힘이 나도록 새벽기도를 빠지지 않았고 병원 직원들을 위한 새벽기도도 쉬지 않았다. 새벽기도에서 해방된 토요일은 함께 손잡고 호숫가를 걷기를 좋아했고 내가 만들어주는 브런치를 특히 좋아했다. 그러나 코로나 이후 줌 모임이 많아지면서 아침이 있는 토요일마저 밀알기도모임에 그를 빼앗기고(?) 말았다. 그는 주일에만 온전히 나의 남편으로 돌아왔다. 은퇴하면 이혜경의 남편으로 돌아와 둘만의 시간을 더 많이 가지겠다고 했는데….

언젠가 손주들 돌보려고 혼자 미국에 간 적이 있었다. 공항에 나를 바래다 주고 그는 돌아가고 나 혼자 출국장으로 들어갔는데 "이혜경"이라고 큰 소리로 불러서 돌아보니 출국장 밖에서 인파 가운데 살짝 보이는 틈으로 얼굴을 내밀고 그가 웃고 있는 게 아닌가. 이 나이에도 여전히 설레는 마음이 들다니….

꿈을 꾸었다.

산책로를 따라 손잡고 걷고 있었는데 그가 갑자기 다른 길로 가는 것이다. 그동안 함께 했지만 이제는 길이 다르니 당신의 길을 가라고 해서 울면서 잠이 깬 날도 있다. 그가 가야 할 곳에 순종하며 간다고 했다. 부산 고신대 교수에서 서울 CMF 간사로 일하러 올라올 때도 그랬고 기독교 병원에 합류할 때도 그랬고 아프리카미래재단 일에 몰두할 때도 그랬다.

하나님과 선교와 누가회와 아픈 사람들을 나보다 우선순위로 섬겼다. 그래도 난 그를 아끼고 오래도록 건강하게 사역하고 내게 돌아오길 기다렸다. 그런데 날 두고 먼저 혼자 좋은 곳에 가버린 이유는 뭘까? 병원 단기선교팀과 함께 다낭으로 떠나기 전에 "잘 다녀오겠십니데이~"하고선 그는 약속을 지키지 않았다. 첨부터 그리워할 운명이었을까?

어느날 또 꿈을 꾸었다.

어느 멋진 사람이 천국에서 강의를 하고 있었다. 아주 잘 생기고 빛이 나는 사람이기에 단번에 남편임을 알아보았다. 초라한 내 모습에 날 못 알아볼 것 같다고 옆의 친구에게 말했는데 강의를 마치고 그 사람이 내 옆을 지나가며 웃었다. 내가 누군지 아느냐고 물어보니 이렇게 답한다.

"알지. 이혜경. 군계일학!"

나의 영적 교관. 내 친구. 내 애인. 내 사랑은 선물처럼 기적처럼 40년을 나와 함께 했지만 언젠가는 하늘나라에서 환한 미소로 내 이름의 의미를 밝혀주고 나를 마중 나올 것이다.

After day after day after day…

나도 이 땅에 사명 다 마치고 나면 알곡이 되어 사랑하는 주님 앞에서 반갑게 만날 것이다. 그날까지 아이들을 위해 기도할 것이다. 아빠가 살아나갈 인생을 대신 살아주는 고마운 딸과 아들이 되도록… 그 따뜻한 사랑을 실천하면서….

이는 만물이 주에게서 나오고
주로 말미암고 주에게로 돌아감이라
그에게 영광이 세세에 있을지어다 아멘(로마서 11:36)

이혜경
故박상은 원장 부인

작은 예수 상은

산샘 박재천

그대 샘 위한 작은 예수
1년동안 얼마나 보고 싶었는지
눈물 가리워 시를 쓸 수 없구나

천국에서 환히 웃는 네 모습
천사보다 맑고 아름답구나

지구별은 전쟁 기후변화 자연재해
인간성의 타락으로 질병으로 신음하네

지금 우리 곁에 있으면 얼마나 좋으랴
지금 우리 곁에 있으면 얼마나 기쁘랴

하나님의 섭리는 헤아릴 길이 없구나
정든 샘 식구들 환우들 아프지마
아프리카미래 섬김이들 영파 가족들 모두 상은 순교

추모하네

여기서 우리는 지금 곁에 상은 원장

그 미소, 그 사랑 느끼네

좁은 길 남이 가지 않은 길 앞장 선 작은 예수

그 뒤를 따라 힘차게 기쁘게 천국에 이르도록

찬송하며 순교 선교 순례길 가리라

작은 예수 상은 원장 손잡고 사명다해 살리라

_ 2024. 1주기에
   출처 : 뉴스제이 (https://www.newsjesus.net)

박 재 천
故박상은 원장의 맏형, 시인, 목사, 한국문인교회 담임, 영파선교회 회장, 효 아카데미 대표
저서: 『존재의 샘』, 『존재의 빛』, 『존재의 마음』 등

동생을 그리며

박재형

동생의 어린 시절과 가족

상은 동생의 이름은 쌍둥이로 태어난 연유로 인해 아버님께서 서로 상(相)으로 돌림자를 사용하고 이름을 은혜 은(恩)으로 하셨다. 우리는 7남매. 당시로 보면 7남매는 많은 형제가 아니었지만 가난한 목회자의 가정으로는 식구, 즉 먹는 입들이 많았다. 전통적인 항렬은 있을 재(在) 이어서 동생은 같은 형제이지만 항렬자가 다르다. 위로 재천, 재형, 성순(여), 재열, 재섭의 형과 누나가 있고 상은(相恩), 그 다음은 쌍둥이인 상진(相眞)으로 6남1녀에 막둥이들이다. 그 이름대로 상은 동생은 사랑과 은혜를 베푸는 의사가 되고 상진 동생은 장신대 명예교수로서 교육학과 신학을 전공한 진리탐구자가 되었다.

모두가 가난했던 시절, 목회자는 더 가난했고 막둥이 쌍둥이가 태어날 즈음은 목사 사택이 없어 쌍둥이 동생은 대구 동신교회 건물의 아래층에서 임시로 마련한 거처에서 태어났다. 도마의자가 모여있는 임시 사택인 곳, 교회의 마룻바닥 위가 상은 상진 동생들의 출생지가 되었다. 필자는 7남매의 둘째로 동생과는 딱 10년 차이. 그래서 어린 시절, 동생들이 뛰어노는 모습이 정겨웠다. 위로 형님인 재천 목사님은 동생과 14년 차이. 교회마당은 동생들의 놀이터였다. 그후 선친 목사님께서 훌륭하게 성장한 동신교회를 사임하시고 천막교회인 서울 대길교회로 1964년 임지를 옮기셔서 모든 식구들이 서울 신길동산 9번지의 천막교회로 이사를 왔다. 쌍둥이 동생은 바로 위의 형인 재섭동생을 따라 신길초등학교에 입학하였고 영등포의 장훈중학교를 거쳐 휘문고등학교에 입학하였다.

쌍둥이 동생은 동네에서나 친구들 사이에서도 잘 놀기로 유명하였다. 신길초등학교에서부터 쌍둥이 동생이라 남들이 보면 둘이 구분이 잘 되지 않아 친구들도 헷갈리는 경우도 많았다. 겨울철 상은 동생이 스케이트를 타는데 상진 친구들이 상진이로 알고 이름을 부르며 따라와 아니라고 하면서 도망치는데 따라오는 그들과 함께 스케이트장을 뱅글뱅글 돈 적도 있었다. 둘이 늘 함께 해서 그런지 상은 상진 두 동생은 형들보다는 더 즐겁고 낙천적이고 너그러운 성품을 가진 것 같다.

동생이 추구한 삶의 가치

동생이 휘문고에서 대학 진학을 위해 공부를 할 때 즈음, 10년 앞선 필자는 의과대학을 졸업할 때였고 상은 동생도 자극을 받았는지 의사의 길을 선택하고 열심히 공부를 하였다. 사랑하는 7남매의 어머님이 동생의 고교1학년 시절 먼저 하늘나라로 가셨다. 어려운 상황 가운데에도 고려의대에 입학한 동생은 의학공부에 전념하며 내과전문의사가 되었다. 동생은 의학의 영역과 예수그리스도의 사랑을 접목하는 다양한 분야에서 일하기를 원했다. 대학시절부터 남달리 학생신앙 운동에 열심이었던 그는 누가회를 창립하였다. 기존의 기독의사회를 따라가는 데 만족했던 나와는 달리 더 열심히 적극적인 신앙 의료인으로서의 길을 택하였다. 이에 더하여 생명윤리와 선교의 사명을 감당하며 기독인 의사로서 생명을 위하여 이웃을 위하여 이방땅을 위하여 할 수 있는 모든 일을 다하길 원했다.

의과대학을 졸업한 후의 전통적인 전문의 훈련단계는 대개 모교 대학병원에서 수련을 받는 것이지만 동생은 과감히 서울을 떠나 부산 고신의대 복음병원을 택했다. 거기에 장기려 박사가 계시기 때문이었다. 희생과 봉사, 생명과 선교에 대한 열정은 그를 닮았다.

생명윤리는 크리스천 의료인들이 지키지 않으면 사멸할 수밖에 없다. 물질 주도의 진화론 유물사상과 주체사상같은 인본주의가 범람하고 있는 이 땅에 생명윤리의 싹을 틔우기 위하여 애써 물주며 가꾸기 원했고 스스로 길을 찾아 미국 세인트루이스에서 생명윤리를 전공하였다. 필자도 그 의견에 동의하여 성산(장기려)생명윤리연구소를 설립하고 함께 일한 것은 큰 보람이었다. 그는 주님의 분부이신 선교 역시 선두에 서길 원했다. 선친의 아호인 영파선교회를 가족이 함께 이루어 인도에 의료선교를 수차례 다녀왔다.

동생은 누구보다 먼저 북한 선교의 길을 열기 원하여 평양을 여러 번 다녀오며 많은 섬김을 하였고 한민족복지재단 등과 함께 연결되어 안전 등 여러가지 우려가 있었으나 최선을 다하였다. 언제부터인가 아프리카 선교를 지향하여 아프리카미래재단을 시작하였는데 형제로서 열심히 한다고만 생각하며 관망하였지만, 그렇게 전심전력을 기울이는 것을 나중에야 차츰 알게 되었다.

세계에 선교를 부르는 열방이 있지만 아직도 갈 길이 먼 곳이 아프리카다. 가난하고 병든 사람이 많기도 하고 영혼이 궁핍하여 한없는 주님의 사랑으로 치유하고 채워주어야 하는 곳. 동생은 그곳을 유난히 좋아하고 사랑하였다. 그의 영향으로 에스와티니에서 의대설립을 도와달라는 제안을 받았을 때 깊이 생각도 하지않고 선뜻 승낙하고 2019년 이곳에 온 것도 동생의 아프리카 사랑 때문이랄까. 그 후 COVID-19가 한창일 때 아프리카미래재단의 탄자니아 음롱간질라병원의 역량강화사업에 전문직 의료인이 필요하다고 할 때도 선뜻 3개월의 직책을 감당하였다.

동생의 영성

동생은 늘 부친 영파목사님의 영성을 흠모하였고 장기려 박사의 사랑과 헌신을 접목하기 원하였다. 크리스천으로서의 정체성을 기본으로 하면서 항상 주님 앞에서 겸손한 코람데오의 삶을 살기 원했다. 귀찮고 굳이 이것까지 감당해야 하는가 의구심이 드는 일도 동생은 시간과 정성을 다해 긍정적으로 끝까지 추진하는 힘이 있었다. 그것은 태어난 곳을 따라 마룻바닥 즉 기도의 영성에 비롯한 것이고 이에 더하여 그의 이름대로 은혜 아니면 설명할 수 없는 것이 그의 영성이었다. 그의 존재는 주님의 은혜가 아니었던가.

주님 주신 길을 기쁨으로 감사함으로 북한에서나 인도에서나 아프리카에서나 베트남에서도 영원한 천국을 바라보며 부르심을 따라가고 끝까지 주님의 부르심에 응답하기를 원한 동생은 이제는 먼저 하늘나라에서 선배가 되고 형이 되어 내게 다가온다. 여러 단체의 모임에서 함께 할 때면 언제나 긍정적이고 적극적인 성품. 모두와 화평하며 모두를 높이기 원했고 자신은 낮아져도 아무렇지도 않은 듯한 그 마음은 우리 형제들 중에 제일이었다.

상은 동생을 그리며

지금은 지난 8월 정부 승인이 되어 시작하고 있지만, 에스와티니에서 이루기 힘든 의대설립을 준비하고 있던 지난해 이맘때, 11월 첫 주일이었나. 이곳 인터내셔널 교회에서 오전예배를 드리고 있었는데 카톡 진동음으로 갑작스런 비보가 있었고 안타깝게도 그곳이 베트남이라는데, 그 소식 이후 너는 천국에 있지만 항상 내 마음속에 있고 가장 가까이에서 함께 생각하며 함께 지낸다.

형이 아프리카에서 미래재단의 협력선교사로 일하고 있기에 중남부 아프리카선교사대회 등 기회있을 때마다 에스와티니에 오기를 바랐고 2022년 12월에 팀과 함께 오면서 2023년에도 다시 방문하기로 하였지. 2020년에는 탄자니아 임무 수행 중에도 반갑게 만났기에 언젠가는 아프리카에서 다시 보리라 기대는 지금도 하지만 그는 그보다 더 가까이 늘 내 맘에 함께 있는 형제가 아닌가. 동생이 아프리카에서 하기를 원했던 일을 조금이나마 내가 계속하고 있는 것은 큰 기쁨이요 남은 자의 갈 길이다. 주님께서 허락하시는 날, 앞서간 동생이 사랑하는 가족들과 함께 주님 앞에서 기쁨의 찬양을 하는 그곳으로 나도 달려가리라.

박재형
故박상은 원장의 둘째 형, 서울의대 명예교수
에스와티니 EMCU의대 의무부총장

부러운 그 순전한 믿음

박성순

그 날은 아주 평범한 하루였다. 모처럼 특별한 일정없이 집에서 차분하게 지내고 있는데 갑자기 걸려온 전화 한 통화로 온 세상이 멈춘 듯. 아니 어떻게 이런 일이… 믿기지 않는….

도무지 정신이 혼미해지고 하나님께 부르짖으며 얼마나 울었던지 모른다. 그리고 나서 '뭔가 잘못 전달되었을 거야'라고 생각하며 무릎 꿇고 울면서 기도했던 일이 생각난다.

이 순간에도 그날의 상황들이 다시 생각나고 또 마음이 먹먹해진다. 상은이는 동생 넷 중에서 가장 다정다감하고 싹싹한 동생이었다. 하나뿐인 누나라고 항상 따뜻하게 대해주고 어디서나 누구에게나 항상 자랑스럽게 나를 소개해 주던 모든 면에서 자랑스런 동생이었다. 어디서든지 항상 환하게 밝게 웃는 모습과 때론 잔잔한 미소로 주위에 분위기를 부드럽게 하고 유머 감각도 있고 누구를 대하든지 친절하고 따뜻한 미소로 최선을 다하여 누구에게나 도움이 되려고 노력했던 것 같다.

맡은 직책이 얼마나 많았던지 열 손가락으로 다 꼽을 수가 없었는데 그 많은 일들을 늘 웃으면서 완수하느라 얼마나 수고하며 분주하게 살았는지 모르겠다. 아프리카미래재단 설립하고 아프리카를 셀 수 없이 다니며 50차례까지만 세었다고 한다.

　100개 이상의 유튜브가 말해주듯 그 많은 프로젝트를 맡아 동분서주하다가 23년11월 5일 홀연히 하나님께서 상은에게 "사명을 온전히 충성되이 완수했으니 이제 수고 그만하고 천국에 와서 편히 쉬렴."하고 부르셨고 선한 상은이는 부르심에 순종하고 부르시는 그 직전까지 은혜충만한 예배와 성령충만, 기쁨 충만한 모습으로 하나님을 찬양하며 건강하고 밝게 웃던 모습. 그 모습이 아직도 그 영상 보면 생생하다.

　부르시는 그순간 마지막 모습도 잔잔하게 웃는 모습, 보던 이들에게 큰 위로가 되었다는 말을 들으며 어쩌면 그럴 수가 있을까. 그 순전한 믿음이 부럽구나. 생전의 마지막 사진이 된 그 언덕 위에 앉아서 평안하고 환하게 밝게 미소 띤 모습, 동화 속 왕자 모습이 남겨진 우리에게 극한 그리움과 선한 느낌으로 선물로 주었구나. 과연 천사의 모습이었다.

　상은이는 나에게도 큰 영향을 주었다. 남은 생애를 어떻게 하면 값지게 살까… 남은 삶을 하나님께 드리는 선교사의 삶의 비전이 상은 동생의 소천으로 더욱 구체적으로 영향을 주었다. 상은 동생의 소천은 마치 주님의 지상명령을 지체없이 수행하라는 큰 음성처럼 마치 대형 스크린과 스피커를 통해 세상 모든 사람에게 메세지를 전하는 느낌을 받았다. 그래서 그의 소천은 참으로 귀한 순교였다고 믿어진다.

　나 자신도 남편과 함께 조용하게 선교 준비하던 중 이었는데 더욱 소명감을 주었다. 지금 부족하지만 오사카에서 남편 강익서 장로와 시니어 평신도 자비량 선교사로 사역하게 된 것도 소천한 상은 동생과 동역하는 각오와 감사로 충성하려고 한다.

　아직 말할 수 없는 슬픔과 사무치는 그리움이 가슴속에 남아 있지만 사랑하는 동생이 맡은 사명을 온전히 감당하고 천국에서 빛나는 얼굴로 사랑하는 예수님과 앞서 가신 부모님과 함께 기뻐하는 모습을 그려 보며 언젠가 사명 완수하고 부르시는 그날에 기쁨으로 천국에서 재회할 그날. 반갑게 만날 수 있기를 간구하며… 기대하며….

그날까지… 안녕!!!!!

_ 오사카에서 박성순 선교사

박성순
故박상은 원장의 누나
일본 선교사

상은 원장

박재열

여린 눈에
화안한 얼굴
미소 언제나
기품 발하니

어릴 적 사택 세평 방 우린 남다른 칠인방

구들목 따뜻해도
벽온도계 영하에
형아 우리 엎드려
동화책 읽어 줘

부모 대신 진학상담
의대 원서 넣었다네
복음병원 수련의
장기려님 감화

미션 각오 굳게 하니

우주에 생명
주님과 영파 감동
존귀한 삶이 태아에게도

웃음으로 시작
모두 웃는 명강의
어디 들은 적 있는가

세포여 함께 웃자
그려 동생아
우린 한 세포
세상 누구나
똑같이 빚어졌지

영원한 은혜
상은 동생
고통 없는 천국
기쁨의 면류관
길이 빛나리

박재열
故박상은 원장의 셋째 형, 시인, 수필가, 저서『창조의 미학』,『임과 나』외

사랑하는 동생을 먼저 떠나보내며

박재섭

무슨 말을 해야 할까? 목이 메고 눈물이 앞을 가리는구나. 난 지금 네가 마지막 밤을 묵었던 다낭의 바로 그 호텔에서 새벽에 눈물이 잠을 깨워 일어나 이 글을 쓴다. 어제는 참으로 긴 하루였다. 그제 주일 오후 비보를 듣고 그날 밤 잠 못 이루고 새벽에 거센 빗줄기를 뚫고 인천공항으로 가 일행 6명이 함께 비행기를 타고 한동안 강풍으로 마음을 졸이기도 했지만 무사히 이곳에 도착했다.

가장 먼저 네 육신이 안치된 곳으로 가 제수씨와 둘째 수정이와 함께 영혼은 천국에 가고 남아있는 네 육신과 마주했다. 냉동되어 있어서 얼음 같이 찬 네 손을 잡고 한없이 울었다. 참으로 오랜만에 깊이 솟구치는 눈물을 실컷 울었다. 너의 조금 상처 난 뺨을 쓰다듬으며 그러나 평소와 다름없는 너의 온화한 미소를 머금은 얼굴을 보며 한편으로 감사하면서도 또 한 차례 눈물을 쏟았다.

"상은아 네가 왜 먼저 가니? 오 하나님 왜 이렇게 일찍 데려가십니까?" 목멘 소리로 울부짖었다. 시신 처리 방식을 관계자들과 의논하고 네가 이 세상에서 마지막으로 머물렀던 그곳을 방문했다. 아름다운 바닷가 이렇게 좋은 곳에서 네가 기뻐하는 가운데 천국 가게 하셔서 참으로 감사하구나. 거기서 너를 구조할 때 사용된 스티로폼 상자를 누군가 과일과 꽃으로 장식해 놓은 걸 보았고, 네 몸을 싣고 급히 달려간 들것의 모래 위 바퀴 자국을 보며 전날의 급박했던 상황을 떠올릴 수 있었다.

네가 마지막 예배를 드렸던 현지교회 앞에 잠시 머물렀는데, 그 예배 때 선교사들과 함께 아름답고 힘찬 찬송을 부르고 선교사들을 격려하는 감동적인 말씀을 전했다는 이야기와 형편이 안 되어 휠체어를 살 수 없는 고엽제 후유증 환자들의 사정을 듣고 선뜻 휠체어 5대를 기증했다며 울먹거리며 전하는 선교사의 따뜻한 이야기를 들으며 내 마음도 따뜻해졌단다.

이 호텔의 네가 묵었던 방에는 남겨진 네 옷가지와 물품들이 주인이 천국 간 줄 모르고 자리를 지키고 있었는데 보니 이곳에서 읽을 책과 선물할 책 그리고 가족을 위한 선물들이 있더구나. 너의 평소에 있는 그대로의 모습을 볼 수 있었지. 너의 수고한 육신을 흙으로 돌려보내기 위해 화장하기 전에 너와 함께 오랫동안 아프리카 선교를 위해 수고한 아프리카미래재단 김억 목사의 인도로 우리 일행과 비전트립 팀과 선교사들과 교우들과 함께 조촐한 예배를 드렸다.

이제 오늘은 오전 10시에 네 유골함을 인수한 후에 정부의 사망확인 서류가 나오는 대로 한 줌의 재가 된 네 육신과 함께 귀국할 예정인데 하늘도 슬퍼하는지 비가 억수로 쏟아지고 있다. 이곳에 와서 이렇게 너의 마지막 걸음의 자취를 밟을 수 있는 기회를 주신 주님께 감사한다.

사랑하고 자랑스러운 동생 상은아, 네가 우리 형제들 중에서 가장 성격이 좋다는 것은 모두가 인정할 거다. 내가 생각할 때 너는 내가 아는 어느 누구보다 주님 나라 위해 많은 기여를 하며 많은 사람들에게 선한 영향력을 끼친 삶을 살았다. 어렸을 때 아버님이 늘 기도하시던 대로 세계를 누비며 사역하는 사람이 되었구나. 나와는 너무나 대조적인 너의 삶의 궤적은 부러움과 부끄러움을 동시에 느끼게 한다.

나는 평범한 소시민적인 삶을 사는 동안 너는 북한을 7번 방문하며 북한선교사로 헌신하기도 하였고, 세계 곳곳 특히 아프리카의 여러 나라를 누비며 의료선교의 귀한 사역들을 하였구나. 그뿐만 아니라 안양샘병원을 모범적인 기독병원으로 발전시키며, 생명윤리분야에서도 큰 역할을 감당했구나. 천국에서 우리 주님이 얼마나 기뻐하며 맞으셨을까 상상해본다.

내 생각에는 네가 그동안 여러 분야에서 주님을 위해 너무나 많이 수고하였기에, 또 이미 넘치는 열매를 맺었기에, 주님께서 이제 족하다 하시며 이제는 와서 쉬라고 데려가신 것 같다. 우리 생각에는 참으로 아쉽고 안타깝지만 이때가 네게 가장 아름다운 순간이기 때문에 데려가신 줄 믿는다. 우리 7남매 형제들 가운데서도 네가 가장 많이 수고하였기에 가장 먼저 데려가신 것 같구나.

이제 네가 했던 많은 일들을 이 땅에 남아있는 사람들이 나누어 맡아 계속해서 발전시켜나갈 것이니 염려 말고 천국에서 안식하며, 앞서 가신 아버님, 어머님, 새어머님과 함께 또 둘째 형수님과 준현이와 함께 이 땅에 남아있는 가족들과 모든 관계된 이들을 위해 우리들도 너와 같이 항상 한 생명을 사랑하며 언제나 누구에게나 밝고 따뜻하고 긍정적으로 겸손하게 대하며 주님 주신 사명을 끝까지 잘 감당할 수 있도록 기도해주기 바란다.

_ 2023년 11월 7일(화) 베트남 다낭에서

박재섭
故박상은 원장의 넷째 형, 기쁨의교회 담임목사

쌍둥이의 조가(弔歌)

박상진

우리는
그 조그마한 어두운 방에 함께 있었지.
어머니의 숨소리만 들리고
심장박동으로 흔들림이 느껴지는 그곳에서
우리는 서로를 껴안고 있었지.

탯줄을 통해 공급되는 어머니의 사랑을
우리는 함께 먹으며 자라갔지.
그러던 1958년의 어느 날.
우리는 '응아' 하며 이 세상에 태어났고
주어진 이름, 은혜와 진리, 상은(相恩), 상진(相眞).

우리는 재(在)자 돌림의 형제들 속에서
상(相)자 돌림의 이름이라
다리 밑에서 주워왔다고 놀림 받았지만
서로 상(相),

서로에게 은혜가 되고, 서로 진리를 말하자고 다짐했지.

은혜는 의사가 되고,
진리는 교수가 되어
각기 의료와 교육의 터에서 소명의 삶을 살았지.
쌍둥이라서 같지만 다른,
독특한 마이웨이.

아니, 그런데 이게 무슨 소리야!
베트남 다낭에서 들려 온 소식.
아니야, 아니야, 아니야.
그럴 리가 없어, 그래서는 안 돼,
그렇지 않을 거야.

바람 빠진 풍선처럼 텅 빈 내 삶의 반쪽에는
시베리아 찬바람이 스며든다.
말이라도 해야지,
문자라도 남겨야지.
쌍둥이 반쪽을 이렇게 남겨두고 너만 홀로 가면 되니?

그러나
누가 그분의 부르심을 막을 수 있으랴.
이 세상의 사명을 다하였기에
참된 안식에 초대되어 마감한 순례자의 길

의료선교, 생명 사랑의 인생, 65년

이제
영원한 나라에서
아버지와 어머니,
앞서간 믿음의 동지들과의 가슴 벅찬
포옹

그래, 우리는 헤어지지 않았어.
사람들은 우리를 그냥 형제라고 이촌 간이라 말하지만,
우리는 여전히 영(靈)촌.
서로 보이지 않지만 보이잖아.
서로 들리지 않지만 들리잖아.

우리는 여전히 쌍둥이.
영으로 함께 있는 쌍둥이.
지금까지 쌍둥이로 살아온 평생처럼,
찬란한 그 날 그곳에서 만나게 될
영원한 쌍둥이, 은혜와 진리.

박 상 진
故박상은 원장의 쌍둥이 동생, 장로회신학대학교 명예교수, 한동대학교 석좌교수
기독교학교교육연구소 소장, 유바디교육목회연구소 소장

그 사랑 Default

박현정

아빠가 없이도 세상이 계속 돌아간다는 게 신기하다. 아빠는 늘 내 삶의 한 부분이었고, 그 사랑이 너무 크고 당연해서 갚을 수 없는 큰 빚처럼 느껴진다. 툴툴댈 때 빠짐없이 따뜻한 미소와 함께 하이톤으로 "It's okay"라고 토닥여주는 사람이 있다는 것.

Default.

가족끼리 차 타고 어디 갈 때마다 "Are you ready 됐습니까?" 하며 언제나 참 즐거운 목적지로 가는 것처럼 착각하게 하는 아빠만의 초긍정 에너지. 그리고 도착할 땐 "Here we are!" 하면서 감탄하시는 아빠에게 우리 세 남매는 어색하고 불편한 미소로 대꾸했지만 어느새 우리 마음을 평안으로 바꾸셨던 사람.

Default.

우리가 웃을 수 없을 때, 웃기 싫을 때,
웃을 수밖에 없게 해주는 사람.

Default.

내가 힘들 때 조용히 다가와 기도해주시고 사랑한다고, 사랑받을 가치가 있는 존재라고 믿게 해 주시는 사람.
Default.

아빠 없는 세상엔 살아본 적이 없다. 늘 우리와 함께 계실 줄 알았다. 나 사느라 바빠 가끔 필요할 때만 연락해도 단숨에 달려와 주시던 아빠가 이제 카톡으로도 연락할 수 없다. 그의 푹신한 세계 속에 살다가 이제 새로운 세계로 한 걸음 들어서야 한다. 마치 아기의 첫걸음처럼 낯설고 생소하다.

아빠는 사랑의 마스코트였다. 늘 당연하게 받기만 한 사랑. 이제는 그게 은혜였다는 걸 깨닫는다. 당연하게 여겼던 한순간 한순간이 너무 소중해 뇌세포를 쥐어짜서라도 기억하고 싶고 최대한 생생하게 기억하려고 몸을 다듬고 마음을 움켜 쥐어본다.

내가 미운 짓을 해도 꾹 참고 사랑한다고 말씀하시던 아빠. 그는 알고 계셨던 것이다. 사랑하고 살기에도 모자란 시간. 그래서 미움과 싸움엔 시간 낭비하지 않으시고 사랑만 그 누구에게나 아낌없이 퍼부어 주신 그 사람은 내게 더 이상 Default가 아니다.

아빠는 이 세상엔 없지만, 사랑이 남았다. 이제 내가 그 사랑을 채워야 할 차례. 사랑하며 살자. 아버지가 내게 주신 가장 큰 유산이기에.

"현정아, 사랑해."

아빠. 사랑해요!

박현정
故박상은 원장의 첫째 딸

제5부

+

그를 떠나보내며

우리 모두는 당신에게 빚진 자 입니다

안동일

엿새 전 일요일 오후, 베트남에서 갑자기 날아든 비보를 듣고 온 몸과 마음이 무너져 내렸고, 오열을 하면서 울고 또 울 수밖에 없었습니다. 어찌 이런 일이 벌어지나요 주님! 이제 저는, 우리는 어떻게 해야 하나요? 주님!

불과 한 달 전 전주에서 열렸던 의료선교사대회에 같이 참석하게 되었고, 같은 방을 배정받아 1박을 함께 하면서, 의과대학 본과 2학년 시절 누가회 첫 수련회를 통해 처음 만난 이후 지나간 45년의 세월과 사역과 삶에 대해 밤늦게까지 이야기하던 그 날이 마지막이 될 줄은 상상조차 못했었는데….

그리고 부고를 듣기 일주일 전, 상은 형제로부터 받은 전화의 목소리가 아직도 귀에 생생합니다. '전인 의학과 기독교 생명윤리 석사과정'이 드디어 합동신학원에 개설되었다면서 어린아이처럼 기뻐하면서 소식을 알려 주었었는데, 그게 마지막 전화가 되다니요.

박상은 미션 원장님은 그동안 의대, 치대, 한의대 캠퍼스와 의료사회의 복음화, 전인 건강, 생명경외 및 의료윤리의 확산, 보건의료 지원을 통한 북한 동포에 대한 끝없는 사랑, 아프리카를 포함한 글로벌 의료선교 활동, 그리고 최근의 생활 습관 의학을 통한 건강증진운동과 한국 순례길 출범에 이르기까지 말 그대로 총체적 선교와 총체적 의학인의 삶을 살아내시면서 이 자리에 모인 우리 모두의 롤 모델로서, 멘토로서, 비저너리로서, 프론티어적인 삶을 사셨습니다.

우리 모두는 당신에게 빚진 자입니다.

동시에, 당신이 이미 시작한 그러나 아직 완성되지 않은 미완의 task에 초대받은 자입니다.

상은형제님,
제가 당신을 기억할 때,
영적 거인으로
탁월한 의사로
위대한 선교사로
생명경외의 실천가로
기억하며 그리워할 것입니다.
하지만 그보다 먼저, 지난 45년동안 만날 때마다
얼굴에 가득했던 화사한 미소,
그리고 당신의 그 끝없는 겸손함을 먼저 기억하고,
그런 믿음의 형제를 동역자로, 또 벗으로 허락해 주신
축복의 하나님께 감사드릴 것입니다.
병거타고 갑자기 하늘로 올라간 엘리야처럼
형제님은 우리를 떠났습니다.
그래서 너무 힘들고 여전히 신음하고 있지만,
상은 형제님이 우리에게 남겨준

미션과 미완의 task들을 감당해 나가겠노라고 다짐하면서,
그리고 훗날 당신을 만난 그 날을 소망하며,
이제 당신을 떠나 보냅니다.
사랑해요 상은형제님!
고마웠어요, 박상은 원장님!

2023년 11월 11일 양평에서 사랑에 빚진 형제, 자매

윗 추모글은 박상은 누가의 유골이 양평 하이 패밀리 수목장에 안치되던 2023년 11월 11일 드려졌던 (추모예배의) 추모사이다.

(누가들의 세계 2024년 봄 · 여름호 Vol 216)

안 동 일
연세대학교 보건대학원 객원교수
글로벌케어 시니어 컨설턴트

박상은 동인 소천

이광호

박상은 동인, 갑작스레 이 땅의 생애
마감했다는 안타까운 소식 듣는다.

35년 전 몇몇 형제들 모여
'예수시대' 열어가자며
뭉친 것 엊그제 같은데.
박 동인 성실한 인생살이
수많은 사람들 무거운 짐
하나로 엮어진 듯 보였다.

환자 위한 신실한 의사
온 세계 오지 향한 봉사자
학생 가르쳐 지도하는 교수
교회 위한 겸손한 직분자

주님 맡기신 분량대로

이 땅의 임무 잘 마치고
먼저 간 친구 안타깝지만
부러운 마음 들기도 한다.

그곳에는 아픈 이 없고
고통당하는 이 없고
불필요한 욕망 없는 곳
하나님의 영광 가득한 곳

뒤에 남아야 할 우리도
힘 다해 장렬히 싸우다가
박 동인 뒤를 따르리다.

안타까워하는 우리보다
우릴 안타깝게 바라보는
박 동인 선한 눈길 보는 듯 하오.

(2023년 11월 6일)
[오전 9:10] 고 박상은장로 장례예배일정(11/8-11)
장소: 안양샘병원 장례식장

이광호
기독교문화운동 예수시대 동인

박상은 하관예배 설교문

정현구

"죽은 자의 부활도 그와 같으니 썩을 것으로 심고 썩지 아니할 것으로 다시 살아나며 욕된 것으로 심고 영광스러운 것으로 다시 살아나며 약한 것으로 심고 강한 것으로 다시 살아나며 육의 몸으로 심고 신령한 몸으로 다시 살아나나니 육의 몸이 있은즉 또 영의 몸도 있느니라 그러므로 내 사랑하는 형제들아 견실하며 흔들리지 말고 항상 주의 일에 더욱 힘쓰는 자들이 되라 이는 너희 수고가 주 안에서 헛되지 않은 줄 앎이라"(고린도전서 15:42-44, 58)

한 사람의 장례는 일반적으로 세 번의 장례 과정으로 이루어져 있습니다. 입관, 발인, 하관 혹은 안치입니다. 세 장례의 절차는 일반적으로 이런 의미를 갖습니다. 입관은 고인을 관이란 다시 일어나지 못한다는 점에서 마지막 자리에 누인다는 의미입니다. 발인은 고인을 고인이 살던 이곳에서 다시 돌아오지 못하는 곳으로 떠나보낸다는 의미입니다. 하관 혹은 안치 예배는 땅에 묻어 흙으로 돌려보낸다는 의미입니다. 세 과정의 장례는 유족들에게 깊은 슬픔과 애곡과 호곡이 있을 뿐입니다.

그러나 믿음의 관점에서 보면 장례의 의미는 달라집니다. 입관은 고인이 누운 마지막 자리는 차가운 관이 아니라 하나님의 따뜻한 품입니다. 발인은 고인의 떠남이지만 아버지의 집이란 도착지를 향한 도착입니다. 하관은 고인의 유골을 땅에 묻어 사라지는 것이 아니라 땅에 심어 기다리는 것입니다. 믿음의 눈으로 보면 장례에는 깊은 슬픔도 있지만 깊은 소망도 있습니다.

바울 사도는 죽음을 영혼이 육체를 벗어남이라고 생각했던 헬라시대의 사람들에게 죽음 이후의 비밀을 알려 주었습니다. 그 비밀을 땅에 씨를 심는 비유로 설명했습니다. 씨라는 낮은 생명을 심으면 나무란 높은 생명으로 다시 태어나듯, 육의 몸을 땅에 심으면 신령한 몸으로 다시 태어난다는 부활의 진리를 알려줍니다.

박상은 장로님의 유골을 땅에 안치하는 것은 부활의 봄에 신령한 몸으로 다시 살 소망이 담긴 씨앗을 심는 의미를 갖는 것입니다.

또 바울 사도는 죽음을 잠에 비유합니다. 하루의 고된 일과를 끝내고 깊은 단잠에 드는데, 그 잠은 다음 날의 활기찬 아침에 일어날 소망을 담고 있는 잠입니다. 박상은 장로님은 부르신 하나님의 뜻을 따라 열심히 최선을 다한 후에 부활의 아침에 일어날 소망을 가진 영적 단잠에 들어간 것입니다.

그렇다면 이렇게 땅에 심긴 씨앗은 완전히 죽은 것입니까? 아니면 살아 있습니까? 땅에 심긴 씨앗은 그 모양이 사라졌다는 점에서 죽은 것이지만, 더 높은 나무의 생명으로 살 것이란 점에서 살아 있습니다. 씨앗의 생명에서 나무의 생명으로 전환하는 사이의 생명이란 다른 모습으로 살아있는 것입니다.

잠자는 것도 마찬가지입니다. 대낮의 활동을 끝내고 잠자리에 든 사람은 죽은 것 같지만 동이 트면 일어날 생명으로 살아있습니다.

그래서 예수님께서 우리의 눈으로 볼 때 죽은 자를 산 자라고 말했습니다. 하나님은 아브라함과 이삭과 야곱의 하나님이라고 하신 후에, "하나님은 죽은 자의 하나님이 아닌 산 자의 하나님이시라 하나님에게는 모든 사람이 살았느니라"(눅 20:38)고 죽은 아브라함과 이삭과 야곱을 산 자라고 말씀하신 것이니, 믿음 안에서 죽은 박상은 장로님은 죽었지만 부활을 기다리는 동안 하나님을 향하여 산 자로 있습니다.

믿음의 시선으로 보면 죽음의 의미가 너무 달라집니다. 관에 누웠지만 아버지의 품에 안겨 있고, 우리 곁을 떠났지만 아버지 집에 도착했고, 땅에 묻혔지만 봄날의 꿈을 담은 씨로 심긴 것이고, 죽었지만 소망의 약속 안에서 살아있습니다. 그러므로 주 안에서 죽음은 모든 것이 끝나는 'ending'이 아니라, 그 다음의 생명인 영생으로 이어진 'anding'입니다.

우리는 고 박상은 장로님을 안치하면서 그분의 죽음에 대해서 깊이 슬퍼합니다. 동시에 주님의 말씀과 믿음 안에서 그 깊은 슬픔을 이기는 더 깊은 소망을 갖는 것입니다. 고인의 이 땅의 생명은 끝나는 것이 아니라, 하나님 나라에서 부활의 생명으로 이어집니다. 그런데 고인의 이 땅에서의 생명은 이 땅 위에서 다른 형태로도 이어집니다. 그 이유는 고인이 생전에 뿌린 씨앗들이 자라고 있기 때문입니다.

일찍이 고인은 부친이신 박용묵 목사님을 통해서, '10만 명 전도의 꿈'이란 씨를 자기의 마음속에 심었습니다. 그 심겨진 씨가 박상은 장로님의 삶 속에서 나무가 되었고, 장로님은 수많은 사람들의 마음 속에 아프리카 사람들, 선교지의 사람들의 가슴 속에 심겨졌습니다. 고인이 다녔던 고려의과대학의 전신이었던 조선의학강습소를 개설하신 로제타 셔우드 홀 여사, 조선 땅에서 남편을 잃고 딸을 잃었음에도 계속 남아서 여성의 치료를 위해서 병원을 세우고 의학 강습소를 세우신 그 의사 선교사의 꿈의 씨가 고인의 마음에 심겨졌습니다.

고인이 의사로서 수련을 했던 고신대학교 의과대학 복음병원을 세우신 장기려 박사 밑에서 인턴으로 인술을 배우면서 장기려 박사의 인격과 삶의 씨가 고인의 마음에 심겨졌고, 그 씨가 치료를 받은 환자들 속에, 같은 비전을 가진 의사들 속에 생명사랑 존중의 사역 속에서 자라고 있습니다.

고인은 교회 장로로서 신실한 그리스도인으로 좋은 남편과 아버지로서 사랑의 씨를 마음에 잊을 수 없는 추억을 남기셨습니다. 아버지 박용묵 목사님, 선교사 로제타 홀, 선한 의사 장기려와 같은 분이 심었던 씨가 박상은 장로님 속에 심기자 박 장로님은 자란 나무가 되었고, 그의 생전에 수많은 사람들 속에 또 씨를 심는 일을 하셨고, 그 뿌린 씨가 누군가의 가슴에서 누군가의 삶에서 자라고 있으니 죽었지만 죽지 않았습니다.

이제 우리는 부활의 봄을 기대하며 고인을 아름다운 땅에 심습니다. 부활의 봄을 기다리며 나무로 자랄 소망을 담아 수목장을 통해 땅에 심습니다. 박상은 장로님을 아는 수많은 사람들, 그가 만났던 수많은 사람들의 기억의 땅에 심습니다. 박 장로님을 기억하는 여러 사람들, 여러 전도자들, 의사, 선교사님들 속에 나무로 자랄 것입니다.

고 박상은 장로님을 한국교회 역사의 땅, 세계 선교역사의 땅에 심습니다. 아버지 박용묵 목사님, 선교사 로제타 홀, 의사 장기려가 심겨진 선교 역사의 땅에 심습니다.

그리고 지금 이곳에 참여한 유족들과 친구들과 성도들의 가슴에 심습니다. 그 씨가 자랄 것입니다. 나무가 될 것입니다. 그리고 다시 씨를 뿌리게 될 것입니다. 마지막까지 부르심의 길을 달려가다 그 선교의 현지에서 부름을 받은 박상은 장로님의 유골을 안치합니다.

말씀이 주는 소망을 가슴에 품고 장례를 치르는 유족들의 마음에 하늘 소망과 위로가 있기를 바랍니다. 이곳에 함께 한 친지들과 신앙의 동지들과 성도들 속에서 슬픔을 이기는 큰 소망이 넘치시길 주님의 이름으로 축원합니다.

정현구
서울영동교회 은퇴목사, 기독교문화운동 예수시대 동인
현)에스라성경대학원대학교 총장

박상은 원장을 떠나보내고

송길원

나는 이 세상에 태어나 가장 길고 긴 한 주간을 보냈다. 사랑하는 친구의 부음 소식을 듣고는 잠을 이루지 못해 멜라토닌 3정을 먹고도 잠을 뒤척였다. 가족들과 전화와 카톡으로 문자를 주고받으며 장례 절차를 가장 가까이서 도왔다. 다음은 친구의 마지막을 지켜낸 임종감독으로서 기록이다.

1 ──

장례를 마친 주일 오후, 박 원장의 부인인 이혜경 권사가 보내온 편지다.

"박상은 장로의 가족이라는 것은 우리에게 선물이고 큰 은혜였습니다."

"에녹이 하나님과 동행하더니 하나님이 데려가시므로…"(창 5:24)

에녹처럼 홀연히 하늘나라 집으로 영광스럽게 가셨지만 에녹의 가족은 얼마나 슬펐을까 하는 생각이 들었습니다.

에녹처럼 경건하고 하나님과 동행하며 끝없이 베풀고 높은 자나 낮은 자 구별하지 않고 오히려 힘들고 어려운 사람에게 사랑을 많이 베풀고 배려하고 섬겼던 사랑 많았던 박상은 아빠와 이 땅에서 헤어짐이 너무나 슬프지만 에녹같은 인생을 살았다는 아빠가 자랑스럽고 이제 하나님이 우리 가족의 울타리가 되어주시리라고 믿고 씩씩하게 살아보려 합니다.

아빠가 제일 좋아하는 로마서 8:32 말씀을 믿습니다.

"자기 아들을 아끼지 아니하시고 모든 사람에게 내어주신 이가 어찌 그 아들과 함께 모든 것을 주시지 아니하겠느냐." 아멘.

배철현 교수(전 서울대)는 "기억(記憶)은 자신이 사랑하는 사람에 대한 최고의 예의다. 기억을 통해 그 대상이 부활하기 때문"이라고 했다. 나는 이 권사의 편지를 통해 그가 지금, 나와 우리 모두에게 살아있음을 확신한다.

* 권사님은 카톡 편지와 함께 섬기는 교회에서 딸 현정이와 지현이의 특송 영상도 보내왔다. 교회는 고작 15명 남짓 모이는 '광야의 샘' 개척교회다. 두 자녀는 엄마의 갑작스런 부탁에도 주저하지 않고 아빠가 즐겨 부르셨던 손경민의 '은혜'를 불렀다. 나는 또 한 번 울컥 눈물을 쏟아냈다.

2 ——

슬픔에 깊이가 있듯 장례에는 길이가 있다. 한국의 장례는 2박 3일에 고정되어 있다. 어찌 장례가 2박 3일에 끝날 수 있을까? 땅에 시신을 묻는 순간 장례는 끝났다고 한다. 하지만 마음의 장례는 그때부터가 시작이다.

박상은 장로의 장례가 그랬다. 이혜경 권사가 보내온 편지다.

"지난 1주일이 어떻게 지나갔나 모르겠습니다. 주일 오후 예배드리고 남편의 사고 소식을 접하고 이 세상에 살면서 가장 긴 하루를 보냈습니다. 베트남으로 가는 비행기 표를 구하고 다음 날 아침에 도착해서 영사관에서 서류 작성 후 여러 절차를 진행했고 사고 현장 답사하고 사랑하는 사람을 화장하고 서류 받고 유골함을 받아서 내가 걸치려고 가져갔던 스카프에 싸서 내 품에 안고 한국으로 돌아왔습니다.

이 세상에 와서 엄마 품에 안겼을 텐데 마지막에는 내 품에 안겨서 돌아가게 되는 과정이 긴 하루에 다 일어날 수가 있더라구요. 남들이 보면 '꿀단지' 같겠다며 조크했는데…. 사실 그는 'My honey', 내겐 뺏기지 않고 계속 안고 싶은 꿀단지가 맞았어요. 생활습관의학회 회장으로 평소 건강 관리에 최선을 다한 남편이라 이 상황을 받아들이기 힘들었지만, 하나님의 계획은 우리와 다르기에 남편을 홀연히 데려가셨다는 것을 받아들일 수밖에 없었습니다.

너무나 아름다운 곳에서, 건강하고 열정적으로 활동할 때, 가장 아름다울 때, 가장 온전할 때 마지막을 드린 것이라고 생각합니다. '완전한 헌신은 자신의 마지막을 드리는 것'이라고 하시고 아프간에서 순교하셨던 배형규 목사님의 주치의로서, 남편도 선교지에서 그렇게 하나님께 갔습니다."

사람은 세 번 죽는다고 한다. 관속에 들어갈 때 그는 망자(亡者)가 된다. 이어 땅에 묻혀 고인(故人)이 된다. 마지막으로 기억 속에서 잊혀질 때 영원한 죽음을 맞이하게 된다. 우리 모두는 기억에서 그가 사라질 때까지 그를 떠올리고 그의 삶을 그리워할 것이다.

세상에는 '산 자 같으나 죽은 자'가 있고, '죽은 자인데도 살아있는 자'가 있다. 그래서 우리는 아직도 '고(故)'를 붙이지 못하고 여전히 '박상은 장로'로 부르고 있다.

나는 지금도 그가 마지막 신었던 저 신발을 신고 가운을 걸친 채 청진기를 목에 걸고 나에게 다가올 것 같은 환영에 몸을 떨곤 한다.

* 아직도 박상은이란 바보의사를 그리워하는 이들을 위해 하이패밀리는 일주일간 장례식장을 그대로 존치하기로 했다. 이래서 그의 장례는 여전히 진행형이다. 국화꽃 전시 대신 메모리얼 테이블이 있고 병풍이 있어 가능한 일이었다. 병원 장례식장은 죽었다 깨어나도 못한다.

3 ──

"좋은 평판이 두둑한 은행 계좌보다 낫고
태어난 날보다 죽는 날이 더 의미심장하다.
잔치보다 장례식에서 더 많은 것을 배운다.
결국에는 우리도 장례식으로 인생을 마무리할 테니.
그곳에 가면 무엇인가 발견하게 될 것이다."(전 7:1~2, 메시지)

장례식장에 가면 '발견하게 되는 것'은 다름 아닌 '타설(他舌) 이력서'다. 자필 이력서는 과장도 많고 은폐도 있다. 타설 이력서는 꾸밈이 없다. 정직하다. 우리는 떠나간 이의 삶의 향기를 타인의 혀를 통해 듣게 된다.

친구 박상은 장로의 장례식장은 타설 이력서로 인한 감탄과 감동의 물결이었다. 기도 순서를 맡은 순례의 길, 임병진 목사는 이렇게 기도했다.

"지구촌교회 원로이신 이동원 목사님께서는 그(박상은 원장)는 좌나 우나 모두가 좋아하는 사람이라고 평가해 주셨습니다. 또한 그는 천사도 흠모할 아름다운 미소로, 외롭고 힘든 이들에게는 상담자로, 육신이 아픈 자에게는 치료자로, 영혼이 아픈 자들에게는 영혼의 벗으로 대해 주셨습니다. 하나님을 사랑하고 이웃을 사랑하는 꺼지지 않는 불꽃처럼 타다가 그는 사라져서 이 세상을 떠났습니다."

이어 그 안타까움을 이렇게 표현했다.

"하나님께서는 잃은 것이 없으시되 저희는 손실이 너무나 큽니다. 아버지 하나님! 저희들은 아무 준비의 시간이 없이 그를 데려가셨습니다."

이때 조문객들의 애써 참던 슬픔은 흐느낌으로 이어졌다. 박상은 원장의 오랜 친구였던 안동일 교수(전 WHO 라오스 대표)는 추모사에서 박상은 원장을 이렇게 기억했다.

"상은 형제님, 제가 당신을 기억할 때, 영적 거인으로, 탁월한 의사로, 위대한 선교사로, 생활 경외의 실천가로, 기억하며 그리워할 것입니다.

하지만 그보다 먼저, 지난 45년 성상 동안 만날 때마다 얼굴에 가득했던 화사한 미소, 그리고 당신의 그 끝없는 겸손함을 먼저 기억하고, 그런 믿음의 형제를 동역자로, 또 벗으로 허락해 주신 축복의 하나님께 감사드릴 것입니다."

그랬다. 가까이서 보았던 친구로서 박상은은 내가 아는 것보다 더 큰 거목이었고, 자랑스러운 의인이었다. 이래서 '입안에 드나드는 수저는 정작 국 맛을 모른다'고 했던 거다. 아쉬움이 컸다. 나는 다른 어떤 것보다 그가 신었던 마지막 신발에서 그를 새롭게 해석했다.

"구두는 앞 부분보다 뒤꿈치가 더 많은 이야기를 담고 있다." 부츠계의 벤츠 '레드 윙' 총괄을 맡은 조지 컬리의 말이다.

새삼 무엇을 말하랴. 이 모든 것이 든든한 은행 계좌보다 나은 그의 평판이고 명예였던 것을.

* 박 원장은 떠나기 2주 전, 그의 진료실에 나와 만나 자신이 심혈을 기울이고 있는 '생활습관의학회'의 스피릿과 가치를 '시니어 파트너스'를 통해 구현하자고 약속했었다. 그런데 이 일을 미완성으로 남겨 놓고 떠난 것이다. 어젯밤 시니어 파트너스 모임을 이곳에서 가지면서 우리는 그가 못다 이루고 떠난 일을 잘 이어가겠다는 다짐으로 영정사진과 함께 기념사진을 찍었다. 함께 한 이들은 존 리를 비롯 장범, 최웅섭, 김종철 원장 등이다.

4 ———

"현대 자유 문명국에 사는 사람에게 가장 괴로운 일이 있다면 그것은 설교를 듣는 일일 것이다."

영국의 소설가 안토니 트롤롭(Anthony Trollope)이 한 말이다. 나는 이 말을 금과옥조로 삼아왔다. 성도들을 괴롭게 하고 싶지 않아서… 그런데 정작 가장 괴로운 설교는 반복되는 절기 설교와 함께 생명력 없는 장례식장의 설교다.

이번, 박상은 장로 장례식의 장례감독으로서 내가 가장 잘한 일은 설교자 선정이었다. 박상은 장로의 오랜 친구였던 정현구 목사(서울 영동교회 담임)는 가장 탁월한 장례설교의 모범을 보여주었다. 장례를 끝낸 후, 이혜경 권사(박원장의 부인)는 설교 영상을 다시 볼 수 있는가를 문의해 왔다.

나는 이 설교문을 건네받아 청란교회 성도들에게 거의 그대로를 낭독 설교 형태로 전달했다. 죽음과 부활에 대한 이 놀라운 복음을 더 많은 사람들과 나누고파 전문을 그대로 옮긴다. 정현구 목사의 설교 전문은 이 책에 나와 있어 여기에서는 생략한다.

5 ──

아프리카의 성자로 불리는 알베르트 슈바이처(Albert Schweitzer, 1875~1965), 그를 사람들은 의사로 기억한다. 하지만 슈바이처는 실상 목사였다. 유명한 목사일 뿐 아니라 신학교수였고 음악가였다. 그것도 취미를 넘어 유럽의 정상급 오르간 연주자였고 바흐연구가였다. 그것만이 아니었다. 그는 사회봉사자였다.

내 친구 박상은 원장을 떠올릴 때면 나는 이런 슈바이처의 그림자가 어른거린다. 슈바이처도 박 원장도 목사 집안이었다. 교회 마당이 운동장이고 교회 악기가 장난감이기도 했다. 박 원장은 복음병원에 근무할 당시 환자 진료에만 머물지 않았다. 의사와 간호사로 찬양팀을 구성했다. 진료가 끝난 시간 병실을 돌며 찬양으로 환자들을 위로했다. 마침 내가 병원에 입원해 있던 때도 나는 그의 찬양을 듣고 얼마나 큰 감동을 받았는지 모른다.

슈바이처가 신학을 전공했듯 박 원장도 미국 세인트 루이스의 커버넌트 신학교로 가서 신학을 공부했다. 그는 '예수시대'란 동인모임을 통해 기독교, 기독교 신학, 기독교 세계관을 확립하고자 노력했다. 둘 다 목적지는 아프리카였다. 아프리카 봉사를 위해 의학을 공부하고 의사가 된 슈바이처와 달리 박원장은 먼저 의사가 되고 훗날 신학을 하는 차이가 있었을 뿐이다.

슈바이처가 세상을 떠났을 때 슈바이처는 평생 그의 마음속 동반자였던 바흐의 음악을 들으며 숨을 거두었다. 당시 바흐 음악을 연주한 이는 바흐의 유일한 혈육인 딸이었다. 박 원장의 안치예배를 드리던 날, 추모연주는 박 원장을 아버지처럼 따랐던 박지혜 자매였다. 안치예배가 시작되는 오프닝 음악으로 지혜 자매는 '누군가 널 위해 기도하네'를 선곡했다. 그가 카네기 홀이나 유럽순회 연주에서 보여준 어떤 연주 못지않게 오래오래 기억할 만한 명연주였다.

가난한 목회자의 아들이었던 박 원장은 오르간 대신 전자 호른을 즐겨 불렀다. 송솔나무는 박 원장이 즐겨 연주했던 넬라 판타지아(Nella Fantasia, 이탈리어로 '내 꿈속에서'의 의미)를 플롯으로 연주했다. 두 사람만이 아니었다. 미국에서 귀국해 있던 앤디 킴은 첼로로, 박 원장의 누이 박성순 권사는 동생이 즐겨 부르던 찬송을 오르간으로 연주해 작별했다.

나는 내가 병원에 입원해 있을 때 그가 들려주었던 찬양이 그리워 박 원장이 선교지에 불렀던 이 땅에서 마지막 찬양을 영상으로 띄웠다. 결국 이날의 안치 예배는 작은 콘서트였던 셈이다.

* 그의 영적인 멘토이기도 했던 이상규 교수(고신대 부총장 역임, 백석대 석좌교수)는 박상은 원장을 이렇게 회고했다.

"기독교 의료 혹은 선교모임에서 공·사석에서 박상은 선생을 만났는데, 그는 한국 교회를 대표하는 의료인이 되었고, 교회와 복음을 위해 헌신했다. 성산생명윤리연구소 소장을 거쳐 대통령 소속 국가생명윤리심의위원장을 역임하였고, 안양 샘병원을 명실상부한 선교적 병원으로 육성했고 미션원장으로 일했다. 그런가하면 (사)아프리카미래재단 대표, 한국생명윤리학회 고문, 행동하는 프로라이프 공동대표, 국제보건의료학회장을 역임했다. 또 사단법인 국제개발협력민간협의회(KCOC) 부회장, 한국 말라리아퇴치연대(KEMA) 대표이기도 했다. 최근에는 선교유적지를 개발하고 순례하는 '사단법인 한국 순례길' 이사장으로 일하면서 필자를 정책자문위원으로 추대해 주었다. 그는 인간미가 넘치는 진실한 그리스도인이었고 약한 자의 이웃이었고, 선한 의사였다. 교회에서는 충직한 장로였다. 생사의 갈림길에 선 환자들 곁에 있어줄 때 보람을 느낀다고 말하던 박상은 선생은 부인할 수 없는 하나님의 사람이었다."

6 ────

"사람은 죽음을 향해 살아간다. 언제 다가올지 모르는 죽음을 향해. 그렇다면 왜 사람은 태어나는 것이며, 무엇을 위해 사는 것일까? 죽은 사람의 목소리는 더 이상 들을 수 없다. 그 체온도 느낄 수 없다. 하지만 마음속으로 이야기를 걸 수 있다. 사랑받고 사랑했던 기억이 있어서다. 사람은 사랑을 알기 위해서 태어나고 사랑을 남기기 위해서 산다. 남겨진 사랑이 영원히 영원으로 이어진다."–드라마 〈최고의 인생을 마감하는 방법, 엔딩 플래너〉

엔딩플래너는 사랑으로의 탄생을 돕는 산파(産婆)다. 장례에 대한 다양한 정보와 편의의 제공만이 아니다. 누군가의 떠남을 주관하고 남겨진 이들의 슬픔을 함께한다. 고인과 남은 유가족을 사랑의 기억으로 묶어준다.

엔딩플래너는 정겨운 길벗이자 상담자가 된다. 때로 인생코치가 되어 최고의 인생을 살도록 돕는다. 엔딩 플래너는 이 세상에서 가장 아름다운 마지막 사랑 이야기를 지켜보는 33특권을 누린다. 가장 감동적인 장면의 유일한 관객이 된다. 명장면 4제를 뽑아보았다.

유골함을 붙잡고 놓지 못하는 조문객들

마지막 작별의식은 영정사진과 유골함 앞에서 인사를 나누는 일이었다. 그런데 많은 이들이 그냥 지나치지 못하고 유골함을 붙잡고 오열하는 장면이었다. 나는 그들이 누구인지 알지 못한다. 그러나 분명한 것은 박상은 원장에게 은혜를 입은 이들이었을 것이다. 유골함을 두 손으로 부둥켜안는 순간 그들은 다짐하고 다짐했을 것이다.

"나도 걸으신 그 길 따라 걷겠습니다. 그리고 언젠가 우리 다시 천국에서 만나요."

길고 긴 조문행렬

누구도 자리를 먼저 뜨는 이는 없었다. 안치예배 장소를 벗어나 안치할 장소를 향했다. 조문행렬은 'I Love Family' 조각품을 끼고 돌았다. 이어 입구의 '송영의 추모탑'을 지나 안치장소에 이르렀다. 마치 출애굽하는 백성들의 하늘나라를 향한 행진만 같았다.

쌍둥이 형제의 마지막 작별

박상은 원장은 쌍둥이로 태어났다. 박상진(한동대 석좌교수)이 그 짝이다. 허토를 할 때 그의 손이 한없이 떨렸다. 놓지를 못해서였을까? 그의 조가가 가슴을 울렸다.

마지막 엔딩

가족들은 장갑을 벗은 채 맨손으로 허토를 했다. 우리도 흙이니 흙으로 돌아갈 것을 피부로 느끼는 순간이었다. 우리의 엔딩은 Ending이 아닌 Anding이었다.

마지막 사진은 다낭에서 사고 전날 찍은 것으로 보인다고 했다.

딸 수정이가 생일 선물로 사 드린 티셔츠였다. 가방에 즐겨 입던 옷이 여벌 옷이 많았는데 골라서 입혀드린 수의가 바로 이 티셔츠였다고 한다.

이혜경 권사는 말했다. "천국 가는 길이 맑은 히늘 구름처럼 푸른 바다처럼 저 하늘색 옷을 입고 행복했겠지요. 너무나 그립습니다." 선생은 부인할 수 없는 하나님의 사람이었다."

위의 내용은 소천부터 장례까지 준비한 임종감독 송길원 목사가 기록한 여섯 차례의 기록이다. 그는 박상은 대표가 고신의대에 수련과정과 교수로 있던 기간 교목으로서 함께 했고, 마지막 가는 길을 배웅하는 장례 책임자였고, 박상은 대표는 송길원이 대표로 있는 경기도 양평 하이패밀리에 수목장으로 안장되었다.

송길원
하이패밀리 대표
기독교문화운동 예수시대 동인

박상은 원장,
그를 기억해야 할 이유

기독일보 사설

　베트남 다낭에서 의료선교활동 중 세상을 떠난 박상은 안양샘병원 미션원장의 장례가 8일부터 11일까지 안양샘병원 장례식장에서 진행된 후 경기도 양평 하이패밀리에서 수목장으로 안장될 예정이다. 고 박 원장은 지난 5일 베트남 현지에서 의료선교활동을 하던 중 쓰러져 심폐소생술(CPR)을 받고 인근 병원으로 이송됐으나 끝내 깨어나지 못했다.

　신장내과 전문의로 안양샘병원 제3대, 제5대 원장을 지낸 고 박 원장은 고려대학교를 나와 고신대학원에서 의학 박사학위를 취득했다. 의사가 된 이후 박 원장은 한국의 슈바이처로 불리는 장기려 박사의 삶을 통해 참다운 인술을 배우기 위해 부산 복음병원에서 인턴으로 근무했다. 고인은 훗날 이때 스승인 장기려 박사의 의술뿐 아니라 크리스천으로서의 인격도 갖추게 됐다고 회고한 적이 있다.

　그 후 고인은 고신대 의대 내과 교수를 거쳐 미국 미주리주립대와 세인트루이스의대 교환 교수를 지냈다. 미국대학에서 교수 생활을 하는 동안 생명윤리를 공부하면서 향후 전인 치유와 생명 사랑, 의료선교에 매진하는 계기가 됐다고 한다.

　2000년에 안양샘병원 원장에 부임한 고인은 이곳을 자신의 의료선교 비전이 집약된 사역 현장으로 변화시켜 나갔다. 안양샘병원 설립자인 이상택 박사와 함께 이 병원을 선교를 지향하는 병원으로 탈바꿈시킨 건 잘 알려진 사실이다. 그의 기도의 열매이기도 한 병원의 전인 치유는 지난 2007년 7월 샘물교회 단기선교팀의 아프가니스탄 피랍사건과 2014년 이집트 성지순례객 버스 테러사건, 세월호 참사 유가족 등을 돌보는 데까지 이어졌다.

임종 전까지 안양샘병원 미션원장으로 재직한 고인은 한국교회가 존경하는 몇 안 되는 의료선교 지도자로 꼽힌다. 그는 생전에 '샘글로벌봉사단'을 조직해 소외된 이웃을 찾아가는 진료봉사와 외국인 근로자들을 위한 주말 무료 진료를 시행하는 등 의료선교에 매진했다. 아프리카미래재단을 설립해 지구촌 취약지역을 다니며 의료봉사에 앞장서기도 했다.

의사로서의 고인의 삶을 말할 때 '생명 사랑 존중'을 빼놓을 수가 없다. '행동하는 프로라이프' 공동대표를 역임하는 등 낙태 반대 운동에 앞장서며 기독교계뿐 아니라 사회적으로도 선한 영향력을 끼친 점은 훗날 한국교회가 그의 업적을 반드시 평가해야 할 부분이다.

고인은 지난해 3월 한국교회연합 생명윤리위원회와 성누가의료재단이 공동 주최한 '한국 생명윤리의 과제와 나아갈 길' 주제의 생명윤리 세미나에서 "'인간의 생명은 인간의 소유가 아닌 하나님의 선물이다. 모든 영역에서 이 생명의 존엄성 지켜야 한다'는 게 국가생명윤리심의위원회가 발표했던 생명존중선언문의 내용"이라고 했다. 그러면서 "21세기 두 종류의 폭력이 있다. 하나는 과거 미국에서 일어난 9.11 테러나 최근 우크라이나 전쟁과 같은 거시적 폭력이고, 다른 하나는 동전보다도 작은 인간(태아)에게 가해지는 것과 같은 미시적 폭력"이라며 '낙태'

문제를 폭력의 관점에서 언급했다.

 고인이 낙태를 '미시적 폭력'이라고 한 건 전쟁, 테러 등과 같은 폭력에는 국가와 사회, 국민이 많은 관심을 기울이고 대응하지만 정작 아무 힘없고 잘못이 없는 생명을 해하는 낙태엔 크게 관심을 두지 않는 세태를 일컫는다. 잉태된 생명이 세상에 나오기까지 가장 안전해야 할 엄마의 뱃속이 더는 그 생명을 안전하게 지킬 수 없는 곳이 되어 버린 안타까운 현실에 대한 빗댄 표현이 아닐 수 없다.

 제4기 국가생명윤리심의위원회 위원장을 지낸 고인은 헌법재판소에서 '낙태죄'에 대한 위헌 심판이 내려진 후 입법 공백 상태에서 음성적인 낙태가 만연하는 현실을 지적하며, 국회와 정치권의 각성을 촉구하기도 했다. 그는 헌재가 입법부인 국회로 하여금 이 조항을 지난 2020년 연말까지 개정해야 한다고 했음에도 끝내 기한을 넘겨 해당 조항의 효력이 상실된 점을 개탄하며 "이것이 한국 생명윤리의 현실인 것이 너무나 안타깝다"라고 토로하기도 했다.

 고인의 이런 지적은 생전에 자신이 강조해 온 생명윤리의 기본 원칙과도 직결된다. 그건 "우리가 아무리 많은 선을 행하고 생명을 살린다 할지라도 단 한 명의 생명이라도 죽여선 안 된다"는 것이다. 그런 점에서 낙태는 인간이 결코 해서는 안 될 가장 나쁘고 악한 범죄라는 게 그의 의사로서의 평생의 소신이자 지론이었다.

 그는 과거 본지와의 인터뷰에서 "예수님께서는 '지극히 작은 자에게 한 것이 곧 내게 한 것'이라고 말씀하셨다. 스스로는 아무것도 할 수 없는 태아는 어쩌면 이 땅에서 가장 작고 연약한 존재가 아닐까 생각한다"라고 했다. 그러면서 "만약 그 태아에게 한 것이 곧 예수님께 한 것이라면, 그동안 있었던 수많은 낙태는 결국 예수님의 살을 찢은 행위를 한 것이나 마찬가지일 것"이라고 했다.

　신실한 크리스천 의료인으로서 한평생을 전인 치유, 생명 사랑, 의료선교, 낙태 반대운동에 헌신해 온 고 박 원장이 급작스럽게 우리 곁을 떠난 건 참으로 안타까운 마음과 함께 한국 의료계나 한국교회에 커다란 손실이 아닐 수 없다. 하지만 그가 세상을 떠났다고 그가 이루고자 했던 생명 사랑 정신과 의로운 행동들까지 중단된다면 이건 손실이 아니라 죄악이 될 것이다. 그것이 우리가 고 박상은 원장을 오랫동안 기억해야 할 이유다.

[출처] 기독교 일간지 신문 기독일보 사설
https://www.christiandaily.co.kr/news/129904#share

우리들의 누가

이승구

2023년 2학기 중반에 우리들은 믿지 못할 소식을 전해 들었습니다. 박상은 원장님께서 하나님 품에 안기셨다는 소식이 갑자기 베트남에서 우리에게 전해진 것입니다. 의료 선교 과정 중 유일하게 조금 쉬실 수 있는 시간에 파도에 휩쓸려 가셔서 후에 이런저런 조치를 취했지만 결국 주께서 불러가셨다는 소식은 아마 베트남 현장에서 이런저런 조치를 하신 동료 선생님들에게도 큰 충격이었지만 우리들 모두에게 큰 충격이었습니다.

2023년 2학기 우리들은 한 학기 내내 "생명의 마지막에 대한 생명윤리적 논의"를 하고 있는 중이었습니다. 이 과정은 샘병원과 합동신학대학원대학교가 같이 만든 기독교 생명윤리 석사 과정의 두 번째 학기 핵심 과정 강의였습니다. 매주 화요일 저녁 7시부터 9시 반까지 귀한 전문가들이 오셔서 강의하는 일종의 ring seminar 방식으로 한 한기 강의를 운영하시면서 박 원장님께서 친히 11주차 강의였던 "뇌사 및 장기이식 윤리"에 대해서 강의하시고, 그 후 다른 두 강의 후에 제가 "죽음, 그리고 죽음 이후의 삶"이라는 강의를 하기 얼마 전에 이 일이 발생한 것입니다.

11월 3일에 있었던 저의 합동신학대학원대학교 교수 퇴임 강연 때에도 그 바쁘신 스케줄 가운데서도 시간을 내셔서 같이 참석하셔서 축하해 주셨던 박 원장님께서 바로 한 주간 뒤에 주의 품으로 가셨다는 이 상황이 그때도 그러했고 지금도 충격으로 남아 있습니다.

그 학기를 마무리하는 저의 강의는 예정된 대로 "죽음, 그리고 죽음 이후의 삶"이었는데, 그 강의는 우리 모든 원우들과 저에게도 박상은 선생님으로 인해 더 생생한 강의일 수밖에 없었습니다. 만일에 우리가 그리스도인들이 아니었고, 부활의 소망을 가지고 있지 않았다면 우리들은 그저 절망할 수밖에 없었을 것입니다. 그러나 이 참담한 소식 앞에서도 우리들은 우리들이 공유했던 그 기독교적 소망으로 인해 더욱 더 의미 있는 강의를 새길 수 있었습니다.

우리가 죽음의 모든 문제들을 하나하나 점검하고, 심지어 장례를 어떻게 기독교적으로 해야 하며 그 정신(ethos)과 태도와 분위기가 어떤 것이어야 하는지를 생각하고, 마지막에 죽음과 죽음 이후의 생명에 대해서 이야기하겠다고 미리 계획했지만, 박 원장님의 소천 소식과 장례, 그리고 얼마 후에 이 강의에 임하는 우리의 마음에는 한편으로는 마땅히 우리 곁에 계셔야 하는 박상은 선생님께서 우리 곁에 계시지 아니하신다는 부재(不在)를 깊이 의식하면서도, 우리들이 믿는 바와 같이 박 원장님은 지금 우리들보다 더한 영광과 기쁨 가운데 있음을 참으로 믿고 느끼면서 우리 안에 있는 소망의 이유를 더 분명히 했습니다.

이제 2025년이 되어 박 원장님께서 주께로 가신 지 2년이 되어가고 있습니다. 이즈음에 죽음과 죽음 이후의 삶에 대해서 잠시 더 생각해 보고, 남겨진 우리들이 해야 할 일들을 더 생각하면서 박 원장님의 기독교 윤리적 삶을 본받자는 마지막 캠페인을 하는 것으로 박상은 원장님 2주년에 대한 생각을 마무리 하도록 하겠습니다.

그리스도인에게 있어서 삶과 죽음과 죽음 이후의 삶

이 문제에 대해서는 추상적으로도 생각할 수 있지만 박상은 원장님의 경우를 가지고 생각하면 매우 구체적으로 생각할 수 있고 그것이 우리에게 도움을 줍니다. 예수님을 참으로 믿는 우리는 이 세상에서 살 때도 예수 그리스도로 말미암아 이미 이 세상에 (눈에 보이지 아니하는 형태로) 임하여 왔으나 아직 극치(極致)에 이르지 않은 하나님 나라에 속하여 살아갑니다. 박상은 원장님께서도 이 세상에서 하나님 백성으로 사셨고 그렇기에 하나님께서 생각하시는 생명의 의미를 드러내기 위해 애쓰셨습니다. 열심히 산 이유는 주께서 그의 백성들이 하나님의 영광을 위해 열심히 살도록 부탁하셨기 때문입니다. 그러나 주께서 오라고 하시면 우리들은 기쁘게 주께로 갑니다.

비록 남은 우리는 큰 슬픔이었지만, 박상은 원장님께서는 이 세상에서 죽으시는 그 순간에 순식간에 그 영혼이 하나님께서 계신 그 하늘(heaven)에 이르신 것입니다. 그래서 그리스도인은 죽음을 "하늘의 부름을 받는다"는 의미에서 "소천(召天)하셨다"라고 말하기를 즐겨합니다. 이는 결국 하나님께서 부르셨다는 의미이고 그리하여 그의 거주지가 이 땅이 아닌 하나님께서 계신 곳인 "하늘"이 되었다는 의미입니다. 물론 하늘에 있을 수 있는 사람들은 이 땅에서 예수님을 믿어 이미 하나님 나라에 속하게 된 사람들뿐입니다. 그래서 우리들은 이 땅에서 많은 사람들에게 복음을 전하여 믿는 우리들 모두가 죽은 후에 하늘에 있기를 원하고 애쓰는 것입니다.

지금 박 원장님과 믿고 돌아가신 분들은 그 영혼이 큰 기쁨과 즐거움

가운데서 삼위일체 하나님과 함께 계십니다. 놀랍게 영으로 찬양하실 것이며 삼위일체 하나님에 대해서 우리보다 더한 통찰을 가지며 교제하고 계십니다. 단지 몸은 아직 있지 않습니다. 그런 점에서 하늘에 계신 분들도 하나님 나라가 극치에 이르기를 기다리고 있습니다. 이 상태가 성도의 죽음 이후의 삶입니다. 그리고 이것이 모든 이야기가 아닙니다.

후에 우리 주 예수 그리스도께서 약속하신 대로 "저리로서", 즉 지금 그가 계시는 그 "하늘"(heaven)로부터 이 땅으로 다시 오실 때에 성도들은 그리스도의 영광스러운 몸과 같은 몸을 가지게 될 것입니다. 하늘에서 큰 영광을 누리고 있던 그 성도들의 영혼이 그에 부합하는 몸을 다시 가지게 될 것입니다. 이것을 "생명의 부활"이라고 합니다.

박상은 선생님께서도 그리스도의 재림 때에 이 땅에 가지고 계시던 몸과 어떤 연속성을 지니지만 또한 이 땅에서의 몸과는 비연속성을 지닌 그러나 몸을 가지게 될 것입니다. 그 몸을 "신령한 몸"(고전 15:44)이라고 하는데, 이는 성령님께 온전한 순종하는 몸입니다. 그 몸을 가지고 우리는 더 놀라운 사역을 할 수 있을 것입니다. 이를 "죽음 이후의 삶"이라고 표현할 수도 있습니다. 하나님 나라의 극치 상태인, 그 "영광의 왕국"(regnum gloriae), 그 "새 하늘과 새 땅"에서 부활한 몸을 가진 박상은 원장님과 우리들은 우리 주님을 위해 놀라운 일을 하게 될 것입니다.

물론 그때는 의사도 없고, 간호사도 필요 없는데 아무도 아프지 않기 때문입니다. 또한 목사님도 없고 변호사 같은 법률가들도 없습니다. 우리들 모두는 영원히 주님을 위해 어떤 일을 할 것인지 새로운 일을 찾아야 할 것입니다. 우리가 세상에서 능히 상상하지 못하는 놀라운 일을 하면서 주님을 위한 문화를 건설할 것입니다.

그 일을 기대에 찬 마음을 기다리면서 하늘에 있는 박상은 원장님도 이 땅에 있는 우리들도 이 땅에서 하나님 나라가 그 극치에 이르기를 기다리면서 살고 있습니다. 박 원장님께서 이제 그에 속해 있는 하늘의 승리한 교회(church triumphant)도 기다립니다. 이 땅에 있는 전투하는 교회 (church militant)인 우리들도 예수님의 재림을 기다립니다.

박상은 원장님을 진정으로 그린다면

박상은 원장님은 그 삶에서나 죽음에서나 죽음 이후의 삶에서 모두 우리에게 좋은 모범을 보여주셨습니다. 그리스도인의 죽음과 죽음 이후의 삶은 모두 같기에 여기서는 그의 삶이 주는 의미를 생각하면서 여기서 박상은 원장님을 진정 그리는 분들은 박 원장님 같이 생명윤리 운동에 좀 더 헌신해야 한다는 것을 말씀하고자 합니다.

다들 잘 아시는 바와 같이 이 일은 참으로 우리의 희생을 요구하는 일입니다. 생명윤리 운동을 한다고 우리에게 합당한 보상이 주어지지 않습니다. 자신의 시간과 돈과 많은 것을 희생하면서 참여하는 운동이 기독교 생명윤리 운동입니다. 그래서 박상은 원장님과 같이 철저한 기독교적 신앙을 가지지 않으면 이런 일에 우리 자신을 드리기가 쉽지 않습니다. 누가 자신을 희생합니까? 다들 안 하려고 합니다. 그러하길래 우리에게 박상은 원장님 같은 모범이 필요한 것입니다.

첫째로, 성경적 생명윤리에 따라가려는 마음이 있어야 합니다. 믿는 사람들은 누구든지 조금만 생각하면 인간 생명을 하나님께서 처음부터 귀하게 창조하셨다고 생각할 수 있습니다. (여기서 바른 기독교 신앙을 가지는 것의 중요성을 알게 됩니다. 사실 내 신앙이 바른 것인지의 여부도 내가 인간 생명을 처음부터 하나님께서 의도하신 대로 그렇게 귀하게 여기는지를 가지고 판단할 수 있습니다. 또 다른 하나는 내가 성경을 그렇게 귀하에 여기는 지를 살펴보는 것입니다). 그러나 이 세상의 흐름에 익숙해진 우리들은 늘 성경이 말하는 대로 인간 생명을 그렇게 처음부터 귀하게 생각해야 하는지에 대한 판단을 주저하려고 합니다. 여기서 진정한 '이것이냐/저것이냐'(either/or)의 문제가 발생합니다. 성경에서 하나님께서 말씀하시는 대로 생각할 것인가, 아니면 이 세상의 흐름대로 따라갈 것인가를 늘 생각하면서 우리들은 항상 하나님 편에 서려고 부단히 애써야 합니다. 이것을 강조하는 이유는 의료 현장에서 이것이 항상 도전으로 작용하기 때문입니다.

제가 여러 번 경험한 박상은 원장님은 항상 성경의 하나님 편에 서려고 하셨습니다. 그렇게 해도 이 세상에서 무시되지 않고 이 세상 사람들을 잘 인도해 나가시는 분으로 활동하셨다는 것이 박 원장님과 당대 교회에 주신 하나님의 은혜의 하나였습니다. 주의 은혜에 근거해서 이런 방향으로 나아가는 일이 오늘날에도 계속되어야 합니다. 이 문제에서 '이것이냐 저것이냐'를 분명히 하면서도 하나님과 세상 모두에게 인정받은 것은 그 둘 모두를 선택(both and)하려는 사람에게는 있을 수 없는 일입니다. 인생과 생명의 근본적 문제에 대해서는 항상 '이것이냐, 저것이냐'의 태도를 가지고 성경의 하나님과 그 하나님께서 귀히 여기시는 생명 편을 선택해야 합니다(pro-life position).

둘째로, 기독교 의료인들은 계속해서 기독교 생명윤리를 공부하는 일에 시간과 투자를 해 주시기를 부탁드립니다. 박상은 선생님께서는 미국에 fellow로 가시게 되었을 때 내과 분야의 적절한 곳도 찾으셨지만, 그와 동시에 일부러 St. Louis로 가셔서 covenant 신학교에서 신학도 조금 공부하시면서 생명윤리 공부를 하는 과정을 하셨습니다. 그것이 박상은 원장님께서 기독교 생명윤리를 정립하시는데 큰 도움이 되었습니다.

이제 우리나라의 많은 누가들은 멀리 미국에 가지 않으셔도 병원에서 근무하면서도 박상은 선생님께서 마지막으로 힘써서 만드신 합동신학대학원대학교에 기독교 생명윤리 석사 과정에서 공부하실 수 있습니다. 여기서 철저히 성경적인 기독교 입장에서 생명윤리 석사를 하신 후에 그 토대 위에서 다른 나라에서 더 높은 학위(higher degree)를 하실 수 있는 좋은 토대를 마련하셔서 우리나라에 생명윤리 전문가들이 많아질 수 있도록 하셨습니다.

합신의 기독교 생명윤리 석사 과정은 박 원장님께서 시작하셨다는 의미도 있지만 우리나라 개신교에서 생명윤리를 공부할 수 있는 유일한 학위 과정으로서의 의미를 지니고 있습니다. 이 과정이 계속적으로 발전할 수 있도록 하는 것은 박상은 원장님의 유지를 받드는 의미가 있습니다.

매 학기에 처음 이 과정을 시작하고 이미 졸업하여 마치신 7명 (사실 이런저런 사정 때문에 포기하신 분을 더하면 9명) 같은 분들이 있었으면 합니다. 이 과정을 위해 매 학기 '박상은 원장 기념 생명윤리 장학금'을 주시는 전영준 장로님 가정과 같은 후원자들도 많아졌으면 합니다.

셋째로, 시간을 내셔서 기독교 생명윤리협회나 성산생명윤리연구소나 프로라이프 운동 같은 운동에 적극적으로 참여해 주시기를 부탁드립니다. 이것은 정말 시간과 물질의 희생이 요구되는 활동입니다. 그러나 이 땅에 생명이 경시되는 다양한 상황에 대해서 안타깝게 여겨서 시작된 이 운동에 한 분당 하나씩은 적극적으로 참여해 주셔야 이 땅에서 진정 기독교 생명운동이 제대로 일어나고 전개될 수 있습니다. 박상은 원장님 장례 예배를 할 때에 남은 우리가 해야 할 일은 우리가 이어서 다양한 생명윤리 운동을 하는 것이라고 했습니다.

마치면서

위와 같은 일을 제대로 하지 않는다면 우리가 2주년 추모를 하는 것도 무의미해질 것입니다. 중요한 것은 우리가 계속해서 이런 기독교적 생명윤리 활동을 하는 것입니다. 그래야 우리 주님께서 기뻐하시고 후에 우리가 박 원장님과 하늘에서 그리고 예수님의 재림 후에 부활한 몸으로 만날 때 박 원장께서 하시던 일과 또 남겨 놓은 일들을 우리가 계속했다고 말씀드리면서 같이 기뻐할 수 있을 것입니다. 우리들이 지속해서 박 원장님을 본받아 이런 삶을 살아갔으면 합니다.

이승구
합동신학대학원대학교 남송 석좌 교수

제6부

+

사진으로 보는
박상은의 삶과
신앙과 사역

유년시절과 가족들

가족 단체 사진

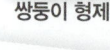
쌍둥이 형제

형제들과 합주를

어머니와 쌍둥이 형제의 행복한 물놀이

영파선교회 해외단기선교(2005)

청년 시절
박상은

고대의대 기독학생회 여름 수련회, 1979

수련의 1년차, 1983

수련의 2년차, 신우회 식구들과

누가회 식구들과 함께, 1984

김해복음병원, 1992

가족들과 함께

수상 및 공적활동

대통령 소속,
국가생명윤리심의위원회 위원장 임명, 2014

국민포장 수상, 2015

고대인의 날 사회봉사상 수상, 2020.5.5

보령의료봉사상 수상, 2022.3.21

중외박애상 수상금 아프리카미래재단 기부,
2022.4.5

국민훈장 석류장 수상
2024. 4. 5.

이혜경 사모 대리 수상

> 글로벌공헌과 나라사랑

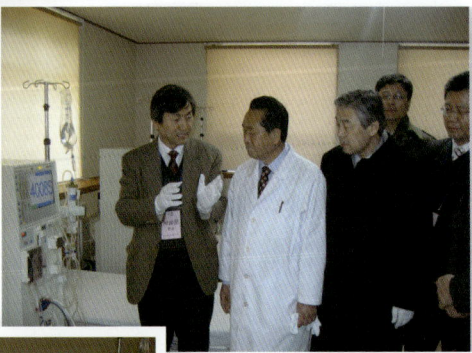

평양 의과대학병원
인공신장실 설치 및 의료인 교육

국제기구-한국NGO 고위급 간담회, 2020.7.10

참 신앙인
전문인으로의
헌신

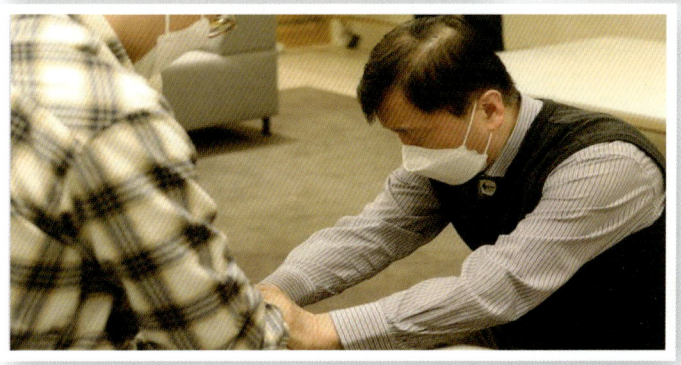

샘병원에서의 여정

아프리카 의료봉사

동아프리카 메디컬 비전트립 및 의료봉사, 2013

아프리카 의료봉사

짐바브웨, 남아공 의료봉사, 2011

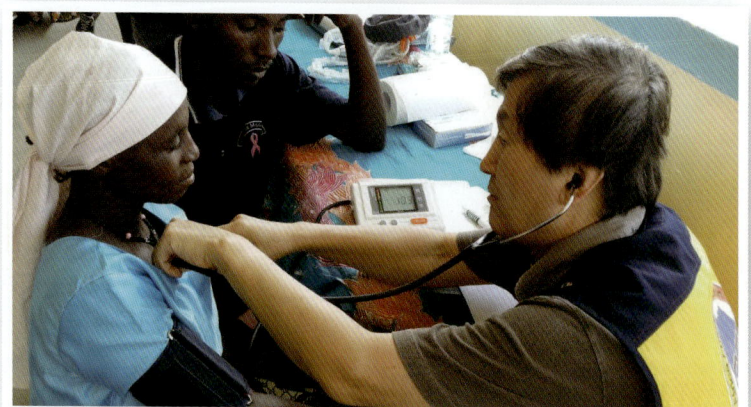

탄자니아 므완자 의료봉사, 2014

에스와티니 의료봉사, 2022

국제의학
학술대회

국제의학학술대회, 말라위, 2013

국제의학학술대회, 말라위, 2009

국가별 선교와 풍성한 결실

■ 에스와티니

의과대학 설립을 위한 비전트립, 2008

국왕과의 만남

■ 말라위

대양누가병원 방문 | 김수지 교수, 백영심 선교사, 프로젝트 말라위 팀과

국가별 선교와 풍성한 결실

■ 말라위

말라위 대양누가병원과 MOU, 2010

프로젝트 말라위 사업장 방문, 2016

말라위 대양누가병원 간호사교육 지원

로제타홀 기념 비전트립, 2016

■ 짐바브웨

법인 사무실 개소식, 2011

짐바브웨 레인함큐처센터 개소식, 2013

짐바브웨 지부 방문, 2014

국가별 선교와 풍성한 결실

■ 짐바브웨

짐바브웨 보건부장관과 환담

보건부장관과 환담 후 기념사진

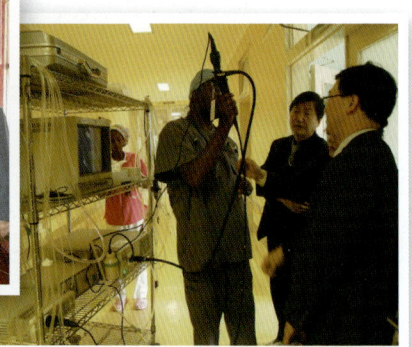
짐바브웨 프레냐트와 병원 방문

한국–짐바브웨 심혈관 국제학술대회, 2013, 2015

■ 잠비아

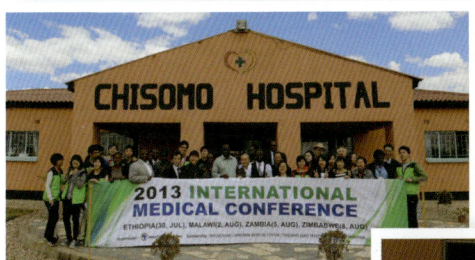

국제의학컨퍼런스, 2013

잠비아 의료기기센터 준공식, 2014

잠비아 리빙스턴지역 비전트립, 2015

잠비아 제라보건대학 강당 기증식, 2022

국가별 선교와 풍성한 결실

■ 에티오피아

명성의대 개교식, 2012

대한심혈관중재학회와 에티오피아 명성병원
심혈관관상동맥 조영시술, 2017

에티오피아 홀레타 사업장 방문, 2017

■ 마다가스카르

마다가스카르 보건부 방문

마다가스카르 아제라 대학병원 의료진과 함께

마다가스카르 아제라 대학병원 앞에서, 바오밥 프로젝트 준비

마다가스카르 구급차 지원사업

국가별 선교와 풍성한 결실

■ 탄자니아

탄자니아 MNH-M 마간디 부원장과 함께

탄자니아 MNH-M 심포지엄

의료물품 전달식, 2022

탄자니아 무힘빌리 국립병원 음롱간질라 컨설팅사업 연구 심포지엄, 2022

■ 르완다, DR콩고, 남아공

남아공 방문, 2016

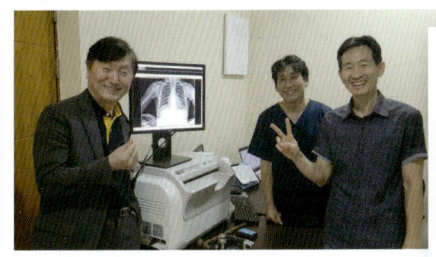

르완다 나누리메디컬센터, 2023

르완다 선교지 방문, 2023

DR콩고 대학방문, 2023

국제대회 및 선교 MOU

AIM과 AFF MOU, 2023

UN NGO 컨퍼런스, 2016년 6월

고신대, EMCU, UAUT와 AFF MOU, 2022

한인세계선교대회, 2022

ICE-HBV와 AFF MOU, 2023

*ICMDA
International Christian Medical and Dental Association
세계기독의사치과의사협의회

우루과이, ICMDA 사무총장 Dr. Daryl 부부와 심재두 누가회 이사장과 함께, 2010

ICMDA 탄자니아 아루샤, 2022

의료선교를 향한 발걸음

*GMMA(Global Medical Missions Alliance)
OMMA(Oceania Medical Missions Alliance)

호주 OMMA CONFERENCE, 2016.10

GMMA 강의, 2022

GMMA 행사 후 기념사진, 2022

**아프리카미래재단
미주법인 설립
감사예배, 2019**

한국 로잔 활동과 순례지 방문

마지막 선교지
베트남